朝日リスク

暴走する報道権力が民主主義を壊す

Sakurai Yoshiko 櫻井よしこ
Hanada Kaszuyoshi 花田紀凱

産経セレクト

S-009

はじめに──韓国メディアと朝日新聞は兄弟のようだ

櫻井よしこ

国の運命は何よりも国民の資質に左右される。国民の賢さが国家を守り、国民の愚かさが国家を衰退と滅亡に導くのは、人類の歴史が証明するところだ。

国民の賢愚を決するのはあらゆる意味の教育である。国民に全体像を鳥瞰する視点を提示し、どれだけ広範な知識、情報を与え得るかが、国家にもメディアにも問われるゆえんだ。

江戸時代末期、黒船の来航で米欧列強の脅威に直面した日本は、数々の不平等条約を結ばされながらも、時間をかけてそれらを自力で解決した。改革できなければ他のアジア諸国同様、米欧列強の属国にされるか、或いは植民地化されていた危険性があった。では、なぜ、わが国は殆ど唯一の例外となり得たのか。大和民族としての国家、国民国家（ネーション・ステート）として生き残ることができた理由は何か。

答えは明白である。日本では長年あらゆる意味の教育が大旨《おおむね》、正しくなされていた。その結果、指導者も国民も賢かったからだ。だからこそ、危機に直面したとき、先人達は日本を取り巻く国際情勢の、まさにその厳しさを正確に読み取った。対処策を考え、最速で実行しなければ食い潰される状況で、困難な課題に死に物狂いで取り組んだ。

黒船来航から明治までの一五年間、国内で展開された激しい議論は、文字どおり命賭けの説得であり対立だった。先人達は太平の時代の現状維持から、一日も早く訣別することが必要だと認識し、個々の藩や個々人の利害を横に措いた。指導者も庶民も日本国民としての意識を涵養し、国の運命と己れのそれとを重ね合わせて全力を尽くした。

こうして先人達は多くの悲劇を生みつつも明治維新を成し遂げた。力を恃《たの》んで侵攻の機を窺う米欧列強の前で、国民を守るに足る国家の力を養うには富国強兵が必要だと悟り、実行した。

結果として明治維新は、大和民族の価値観を根底に置き、富国強兵で基盤を整えた近代国家、日本を生み出した。

それまでの長い歴史の中で、日本国が教育を重んじ、公の精神を育んだのは周知のとおりだ。識字率は当時の光り輝くような先進国、大英帝国やアメリカに較べても遥かに高かった。全体として日本人の素養は深く豊かで、考える能力も高い水準に達していた。それが危機を乗り超える力の源泉だったと言ってよい。一五〇年前、わが国が指導者層と国民の賢さで一大危機を乗り超えた歴史的事実は、私たちが大いに誇りにしてよいことだ。

では、平成時代の終わりに近づいた今、わが国の状況はどうか。よほど注意しなければおかしな方向に漂流しかねないと、私は案じている。どのようにおかしいのか。隣国韓国の事例を通して、具体的に考えたい。

この数年、韓国の様子は明らかにおかしい。とりわけ現政権の所業には尋常ならざるものがある。文在寅《ムンジェイン》大統領が「革命的政変」の指示を出し続けているのである。

今年（二〇一八年）二月五日、文大統領は政策企画委員会の丁海亀《チョンヘグ》委員長に憲法改正の準備に入るよう指示した。大韓民国憲法第四条、「大韓民国は、統一を指向し、自由民主的基本秩序に立脚した平和的統一政策を樹立して、これを推進する」という項から、「自由」の二文字を削除して「民主的基本秩序に立脚した平和的統一政策を樹立して……」に変えようとしているそうだ。文氏はこの改正を、今年六月の地方自治体選挙に合わせて行いたいのだという。

他方で文氏は、大統領就任後真っ先に教科書の改訂を命じてもいる。朴槿恵《パククネ》前大統領は、教育現場で長年使用されていた左傾化教科書を一八〇度変えて、韓国の歴史を肯定的に評価する内容の教科書を国定教科書とした。だが文氏は、政権を奪うや否や、まっ先にその国定教科書をやめさせた。その上で、長年韓国で使われていた親北朝鮮の左翼史観に基づく教科書に戻そうとしているのである。

それだけではない。現在同時進行で、中・高校生用歴史教科書から、「自由民主主義」の「自由」を消し去り、単なる「民主主義」に書き換える作業が行われている。

憲法改正も教科書改訂も、目的は文氏が選挙戦で公約した北朝鮮との連邦政府を作るためだと見てよいだろう。如何《いか》なる自由も許さない北朝鮮の専制独裁政治体制と、韓国の自由民主主義は整合しないため、韓国の現状を変更して北朝鮮に合わせようとしていると考えられる。「自由」を削除して「民主主義」だけにすれば、北朝鮮、即ち、朝鮮民主主義人民共和国に合わせられるというわけだ。

控えめに言っても、文大統領の考えていることはおかしい。なぜ、北朝鮮の数十倍も成功してきた韓国の現状を北朝鮮に合わせて変更するのか。欠点はあっても、韓国の自由や民主主義の方が、北朝鮮の専制独裁体制よりも遥かにすばらしい。なのになぜ、北朝鮮の方が優れていると見做すような政策や姿勢を打ち出すのか。到底、理解できない。

そもそも、なぜこのような人物を大統領に選んでいるのか。なぜ現在も、韓国国民は文氏に高い支持を与え続けているのか。どうしても理解できないこの現象の背景に、「報道しない自由」を駆使する韓国メディアの偏向報道がある。

事例のひとつが太極旗デモである。これは朴前大統領の逮捕やその後の不当裁判に抗議する人々が韓国国旗の太極旗を掲げ、朴前大統領に対する弾劾案が可決された二〇一六年一二月以来、毎週末行っているデモのことだ。すでに一年以上も週末毎に行われ、最大で参加者が三〇万人を超えたこともある。だが、韓国マスコミは保守派による反文在寅の太極旗デモを全くといってよいほど、報道しない。韓国メディアは保守派のデモをきっちり無視する一方で、革新派のデモは大袈裟なほど、報道する。

加計学園問題で国会閉会中審査に参考人として出席した加戸守行前愛媛県知事の発言を一般記事では全く伝えず、前川喜平前文部科学事務次官の発言ばかりを大きく報じた朝日新聞とそっくりではないか。朝日新聞と韓国メディアは偏向報道において兄弟のようだと感じる。

韓国のマスメディアが伝えないもうひとつの事例は朴槿恵前大統領に対して行われている、裁判とは到底言えない裁判の苛酷な実態である。朴前大統領を被告とする裁判で、公判は週四回も開かれ、それぞれが一〇時間を超える長さに及ぶ。週四回の公判など、およそ聞いたことがない。

朴氏の弁護人は、あまりにも酷いこの現状は司法の名を騙った拷問だと非難して全員が辞任した。朴氏も出廷を拒否している。アメリカのＣＮＮは「人権侵害」だと報じたが、韓国メディアは報じなかった。私は朴前大統領の弁護人、金平祐《ピョンウ》弁護士に取材して驚いた。

金氏は朴前大統領に対する弾劾には正当な法的根拠がなく、まともな司法の下では考えられない事態が起きていると、訴える。その第一は国会による大統領弾劾訴追状に、民意を重んじて訴追したと記されている点だというのだ。

国家の最高権力者である大統領を弾劾するには大韓民国憲法第八四条に定められているように、大統領が「内乱又は外患の罪を犯した」ことが立証されなければならない。にも拘《かかわ》らず、国会は、群衆がソウルの街で反大統領のデモをした、その民意に応えるために訴追する、と主張していたのだ。法治国家の体をなしていない。

憲法裁判所の判断も同様だ。憲法裁判所設立三〇周年記念誌に、憲法裁判所の大統領弾劾判決はロウソク革命の結果を承認する革命的判決だったと、自画自賛調に書かれている。

ちなみにロウソク革命とは市民達がロウソクを掲げて行う反政府デモのことで、朴前政権やさらにその前の李明博政権のときに盛んだった。彼らは太極旗デモとは正反対の勢力である。

つまり、韓国は国会も憲法裁判所も、大統領が弾劾に該当する内乱罪や外患罪を犯したと判断したのではなく、群衆の弾劾要求を重視し、その声に応えたと自ら認めているのである。であれば、一連の決定を革命的判決と規定したのは、実態に即した正しい評価なのである。朴前大統領は、憲法や法に違反する革命によって倒されたのである。

こうした厳然たる事実を韓国メディアは報じない。前愛媛県知事の加戸守行氏は、大事な情報を伝えないメディアに、「報道しない自由」を行使するのかと厳しい批判を浴びせたが、報道しない自由は韓国メディアにも溢れているのである。韓国国民は、多くの、大事な情報を知らされないまま、デモに参加し、投票したわけだ。その結果、革命を起こしたのだ。しかし、国民は恐らく、そのことにさえ気づいていない。制限された情報の下にある民主主義の不条理に私は慄然とせざるを得ない。

国民の目が曇らされている結果が文大統領への高い支持率であり、それ以前に、文氏を大統領に選んだことだったのではないだろうか。にわかには信じがたい異常な状況、異常な事態の発生を韓国国民は阻止できていない。原因は教育、広い意味での情報戦略にあるだろう。

韓国では長年、韓国よりも北朝鮮の方が優れている、朝鮮民族として憎むべき「日帝」とよく戦った北朝鮮の方が韓国よりもはるかに正統性を持った存在なのだという教育を施してきた。朴前大統領が廃止しようとしたのがまさにその種の教科書だったが、彼女の試みは挫折した。

一方メディアは反韓親北朝鮮の価値観を煽り続け、少なからぬ韓国人の心の中に、祖国への蔑《さげす》みを醸成してきた。偏向メディアがもたらしたものは、韓国の悲劇以外の何物でもない。その結果、いま、大韓民国は取り返しのつかない局面に追い込まれている。近未来に実現するかもしれない南北朝鮮の連邦政府の下で、大韓民国が消滅する可能性も否定しきれない。

わが国を代表するメディアと言われて久しいのが朝日新聞だ。朝日新聞の存在、その発信する情報、あるいは発信しない情報の全てをひっくるめて、「朝日リスク」ととらえた本書のまえがきに、長々と韓国の実情を書き記した理由はすでに明らかだろう。

世論を形づくるのに比類なく大きな影響力をもつメディアがひどく偏向している現在の韓国情勢が、日本に重なって見える。メディアの偏向が生み出す負の連鎖で、韓国は国家存亡の危機に直面している。日本は大丈夫かと、思わず問う。「朝日リスク」という偏向報道被害を受け続けるままでは、日本も文在寅政権下の韓国のようになりかねない。悪夢のようなその道に迷い込んではならない。本書に詰め込んだ情報を読者の皆さんと共有したいと願うゆえんである。

平成三〇年二月

朝日リスク◎目次

数字や肩書きなどは対談時のものです。

装丁　神長文雄＋柏田幸子
ＤＴＰ製作　荒川典久
本文写真提供　言論テレビ
帯写真　言論テレビ、産経新聞社、小学館、佐藤英明

第1章

言論機関、朝日新聞の自殺

櫻井よしこ×門田隆将×林いづみ×花田紀凱

門田隆将（かどた・りゅうしょう）
ノンフィクション作家。1958（昭和33）年高知県安芸市生まれ。中央大学法学部政治学科卒業後、新潮社に入社。『週刊新潮』編集部に配属、記者、デスク、次長、副部長を経て、2008年4月に独立。週刊新潮時代は、特集班デスクとして18年間にわたって様々な分野で800本近い特集記事を執筆。『この命、義に捧ぐ―台湾を救った陸軍中将根本博の奇跡』（集英社、後に角川文庫）で第19回山本七平賞受賞。
近著に『奇跡の歌：戦争と望郷とペギー葉山』（小学館）、主な著書に『死の淵を見た男―吉田昌郎と福島第一原発の五〇〇日』（PHP研究所）、『なぜ君は絶望と闘えたのか―本村洋の3300日』（新潮文庫）、『甲子園への遺言』（講談社文庫）、『太平洋戦争　最後の証言』（第一部～第三部、角川文庫）、『狼の牙を折れ』（小学館）、『汝、ふたつの故国に殉ず』（KADOKAWA）など多数。

林いづみ（はやし・いづみ）
検察庁検事を経て1987年弁護士登録。現規制改革会議・同推進会議委員（医療・介護WG座長）、知的財産戦略本部員等。日弁連知的財産センター長、日本知的財産仲裁センター長等歴任。中央大学法科大学院客員教授（2007～2017）。国内・国外の企業法務や知的財産に関する相談、契約交渉、紛争解決を数多く手がける。

いきなり訴訟に踏み切った朝日

櫻井　文藝評論家の小川榮太郎さんがお書きになった『徹底検証「森友・加計事件」――朝日新聞による戦後最大級の報道犯罪』（飛鳥新社）に対して、朝日新聞が紙面で討論することなく、いきなり訴訟に踏み切りました。

しかもフリーの文藝評論家に五〇〇〇万円の損害賠償請求です。これが果たして正当な行為と言えるのか。「言論を捨てた」と言うべき朝日新聞は、言論機関と言えるのか。この問題を花田紀凱さん、門田隆将さん、林いづみ先生と共に徹底的に論じたいと思います。

花田さんは小川さんと共に朝日から訴えられた月刊『Hanada』を発行する飛鳥新社の一員でもあります。

花田　そうですね。訴えられて喜んでいます（笑）。

櫻井　そうですか！（笑）。

小川榮太郎さんに対する訴えを時系列で振り返ると次のようになります。

【二〇一七（平成二九）年】

一〇月一八日　小川榮太郎著『徹底検証「森友・加計事件」』発売。

一一月二一日　朝日新聞、小川榮太郎氏に申入書を送付。〈本書面受領後２週間以

櫻井よしこ

内に、書面にて真摯にお答えください〉。
一二月〇五日　小川氏が申入書に回答（二四日後）。
一二月〇六日　朝日新聞は〈回答の内容は承服できません。今後の対応について、弊社で検討いたします〉。
一二月二五日　朝日新聞が小川氏と飛鳥新社を提訴。謝罪広告掲載と五〇〇〇万円の損害賠償を求める内容。

本を出版して約一カ月後に朝日新聞が小川さんと出版元の飛鳥新社に、二週間以内に書面にて回答せよという申入書を送付した。小川さんに申入書を送った一七年後半に朝日は、足立康史議員や月刊『正論』、『週刊新潮』などにも申入書を送っています。このあ

門田隆将、花田紀凱、林いづみ

たりから、手当たり次第という感じがします。

小川さんへの申入書には一六項目にわたって、朝日側から見た問題の指摘がありました。小川さんはそれに対してきちんと二週間後に回答したのですが、朝日はそれを承服できない、対応を検討するとしたわけです。

するとなんと一カ月も経たないうちに朝日は小川さんと飛鳥新社を訴えました。

朝日新聞社執行役員広報担当・千葉光宏氏は提訴について次のように言っています。

〈小川栄太郎氏の著書には、森友・加計学園に関する朝日新聞の一連の報道について事実に反する記載が数多くありました。本社には一切の取材もないまま、根拠もなく、虚報、捏造、報道犯罪などと決めつけています。具体的に問題点を指摘し訂正を求めましたが、小川氏は大半について「私の『表現』か『意見言明』への苦情に過ぎません」などとして応じませんでした。出版元も著者の小川氏任せで、訂正は今後も期待できません。

この本が出版された後、本社の報道を同じ調子で根拠もなく捏造などとする誹謗・中傷がありました。読者の皆様からも、ご心配いただく声が寄せられています。「言論の自由」が大切なのは言うまでもありません。しかし、小川氏の著書の事実に反した誹謗・中傷による名誉毀損の程度はあまりにひどく、言論の自由の限度を超えています。建設的な言論空間を維持・発展させていくためにも、こうしたやり方は許されるべきではありません。やむを得ず裁判という公開の場でこの本の誤りを明らかにするしかないと判断しました〉（朝日新聞社インフォメーション、二〇一七年一二月二五日）

この朝日のコメントの中で千葉氏は、「本社には一切の取材もないまま、根拠もなく、虚報、捏造、報道犯罪などと決めつけています」としています。これについてはどうですか？

花田　確かに小川さんは朝日新聞に対しては公式な取材をしていません。朝日の言い分は紙面を見ればわかりますからしていない。小川さんは朝日新聞が報道した記事を読み込み、朝日がほとんど取り上げていない関係者に取材をしています。それらを元に分析、批評したのが、この『徹底検証「森友・加計事件」』です。

門田　「取材がない」と朝日はまるで落ち度があるかのように言っていますが、小川さんの著書は朝日新聞の記事について「論評」をしているわけです。言論・表現の自由に基づいて論評しているのです。手法として論評対象にコメントを取る場合もありますが、必ずしもコメントを求めたり取材をしたりする必要はありませんね。

櫻井　署名原稿を書いた言論人や言論機関に対して、「これはどういう意味か」といちいち取材しなければならないとなれば、論評は成り立ちません。

門田　論評される側としていえば、櫻井さんも私も、書いたものに対して、たくさんの論評や批判がなされていますね。その度に、論評する人からコメントを求められたらたまりませんよ（笑）。いつ、どこで、どんな論評されるかわかりませんから。署名原稿を書いた人間は、論評されるものとしてそれを書いているわけです。

櫻井　言論人としては、自分の署名入りの原稿を書いたら、それがすべてなのです。論評されるのは当然あり得ることで、自分が何か付け加えることがあるのであれば、また書けばいい。

それを「取材もない」と非難するのは、言論人としての理屈が通っていない。極めて理不尽なことだと思いませんか。

門田　その通りです。もちろん、例えば誰かの行動を告発するときに、「あなたはなぜそのようなことをしたのか」「なぜその道を通ったのか」と取材をして追及することはあります。しかし、今回訴訟を起こされた書籍は、すでに公にされている新聞記事を論評したものですから、必ずしも朝日新聞にコメントを求める必要はありませんね。

花田　小川さんは文藝評論家ですから、資料を読み込み、論評することには慣れています。また、そのような手法を使ってある事象を整理して論じ、本質をあぶり出すことは一般に行われていることだと思います。

スラップ訴訟の疑い

櫻井　フリーランスの文藝評論家と飛鳥新社に対して五〇〇〇万円の賠償金請求ですが、この訴えそのものについて林先生はどうお感じになられますか。

林　スラップ訴訟という言葉が最近ではよく使われますが、これは社会的に強者が弱者に対して、訴訟を手段として相手の言論を封殺すること、そのような訴訟を提起することを言います。今のお話を伺っていて、今回の朝日新聞の提訴についても、スラップ訴訟の疑いが議論になるかもしれません。

スラップ訴訟のような濫訴についての判例として、一九八八（昭和六三）年一月二六日の最高裁（第三小法廷）判決があります。判決は次のように述べています。

〈民事訴訟を提起した者が敗訴の確定判決を受けた場合において、右訴えの提起が相手方に対する違法な行為といえるのは、当該訴訟において提訴者の主張した権利又は法律関係（以下「権利等」という。）が事実的、法律的根拠を欠くものであるうえ、提訴者が、そのことを知りながら又は通常人であれば容易にそのことを知りえたといえるのにあえて訴えを提起したなど、訴えの提起が裁判制度の趣旨目的に照らして著しく相当性を欠くと認められるときに限られるものと解するのが相当である〉（裁判所ウェブサイト）

花田　法律用語は難しいですね（笑）。

櫻井　わかりやすく言えばどういうことですか？

林　簡単に言えば、こういうことです。民事訴訟における訴える権利を訴権と言いますが、訴権は誰でも持っています。しかし、訴権を濫用して人の権利を侵害したとき、それが違法な行為になる場合があるということを最高裁が認めたということです。また、どんなときにそれが違法になるのかという基準を示しました。

櫻井　めったやたらに訴えたらいけませんよ、ということですね。

林　先の最高裁の判例は土地の所有権の事件だったので、どちらかというと原告と被告は対等な関係です。しかし、今回の件により近いような、言論に関する事案でのスラップ訴訟に対しても不当提訴だと認めた判決がいくつも出ています。

例えば平成一七（二〇〇五）年三月三〇日に判決が出た東京地裁の「武富士事件」というものがあります。武富士被害対策全国会議による書籍『武富士の闇を暴く――悪質商法の実態と対処法』（同時代社）の記述が名誉毀損にあたるとし、武富士が発行元の出版社と編著者の弁護士らを提訴した事件です。しかし結果は、逆に不当提訴が認められました。被告が反訴し、不当提訴について被告一人につき一二〇万円の慰謝料が認められています。

櫻井　なるほど、名誉毀損訴訟が不当だと反訴をして、それが認められた。

林　そうです。

言論や表現を萎縮させる

櫻井　他にもありますか？

林　はい。平成二七年一〇月二八日判決の長野地裁の「伊那太陽光発電スラップ訴訟」と呼ばれているものもあります。これは長野県伊那市の大規模太陽光発電所の建設計画が反対運動で縮小を余儀なくされたとして、設置会社が住民男性に六〇〇〇万円の損害賠償を求めた訴訟です。原告が名誉毀損を訴えたのに対して、判決では名誉毀損は成立しないとしました。そして、成立しない名誉毀損訴訟を起こして被告の人格権、むやみに裁判を起こされない権利を侵害したことに対して五〇万円の慰謝料請求が認められています。

櫻井　太陽光発電設置会社が反対運動を訴えたことが不当提訴であると認定された。

林　さらに、イオンが『週刊文春』の記事によって名誉を毀損されたとし、発行元の文藝春秋に対して一億六五〇〇万円の損害賠償請求訴訟を起こした事件も、スラップ訴訟の例とされました。

花田　イオンが、『週刊文春』（二〇一三年一〇月一七日号）の〈「中国猛毒米」偽装イオンの大罪を暴く〉という記事が名誉毀損にあたるとして訴えた事件ですね。文春は三重県の卸売会社が中国産米を混ぜた米を国産米として販売していた問題について「イオンが偽装米の納入に関与して、この米を使った弁当やおにぎりなどを販売していた」と報じました。

林　そうです。この事件は、報道によれば東京地裁では文春が負けましたが、平成二九（二〇一七）年一一月二二日の東京高裁判決では、東京地裁の判決を実質的に逆転させたのです。記事のタイトル部分についてだけは、「イオンによる猛毒米の販売という誤った印象を抱かせる」と名誉毀損を認め、一一〇万円の損害賠償とタイトル中の「猛毒」の二文字だけは削除を命じましたが、それ以外のイオンが請求する賠償はすべて棄却しました。

花田　そうでしたね。裁判長の判決文が話題になりました。

林　そうなのです。野山宏裁判長は判決の中で、傍論としてだと思いますが、記事本文は真実で「食品流通大手に価格決定権を握られた納入業者が中国産などの安価な原料に頼り、食の安全にリスクが生じているのではないかと問題提起する良質の言論」と評価し、これを憲法で保障された表現の自由の範疇の言論ととらえて、「訴訟を起こして言論や表現を萎縮させるのではなく、良質の言論で対抗することで論争を深めることが望まれる」と異例の言及をしたことが注目されています。

花田　例えば、今度の朝日の訴訟の件で、小川さんや飛鳥新社が反訴しなくても、朝日が訴えた裁判の中でこのような判決が出る可能性があるということですか？　つまり反訴はしなくてもいいわけですか？

林　まず、野山裁判長のこの言及は法律上の「判断」ではありません。被告側の主張の中で、不当提訴だという主張をしなければ裁判所も判断をするステージがありませんから、提訴の不当性を訴えるためには被告側からの主張が必要だと思います。

訴訟という名の言論封殺

門田　スラップ訴訟に関する朝日新聞の〈言論封じ「スラップ訴訟」　批判的な市民に恫喝・嫌がらせ〉（二〇一六年三月七日）という記事があります。

〈会社などを批判した人が訴訟を起こされ、「スラップ訴訟だ」と主張する例が相次いでいる。元々は米国で生まれた考え方で、訴訟を利用して批判的な言論や住民運動を封じようとする手法を指す〉

記事はこのような書き出しで始まります。いかにスラップ訴訟がいけないかということを五段も使って報じた大きな記事で、朝日はスラップ訴訟で訴えられた人のコメントも掲載しています。先ほど林先生の事例に出た伊那太陽光発電事件の被害者です。

〈「楽しいことをしていても常に頭の片隅にあった。精神的、肉体的にものすごい負担だった」〉

さらに、記事は専門家のコメントも掲載しています。

〈スラップ訴訟の研究を進める専修大学の内藤光博教授（憲法学）は「特定の発言を封じるだけでなく、将来の他の人の発言にも萎縮効果をもたらす。言論の自由に対する大きな問題で法的規制も検討するべきだ」と指摘する〉

櫻井　「訴訟を利用して批判的な言論を封じようとする手法」だと、まさに朝日新聞は書いている。

門田　そうです。ですから、朝日との裁判では、入り口論がものすごく重要です。

言論機関である朝日新聞が、書籍による言論を訴訟によって封じようといままさにしているわけです。社会の常識としては、言論人同士なのに、なぜ裁判所に判断を求めるのですか、ということだと思いますよ。私には朝日の提訴は、気に入らない言論に対する威嚇目的訴訟のように見えますが、この裁判では「なぜこんな訴えを起こすことが許されるのか」という入り口論で激しい戦いをするべきだと思います。

櫻井　現に訴訟が起こされたということで、この書籍の広告を新聞各社が掲載しないわけでしょう？

花田　そうです。新聞には新聞社ごとに広告掲載基準というものがあります。それは別に各社が相談して決めているわけではないでしょうが、右へならえという形でほぼどこも同じです。裁判で訴えられて係争中の本については広告を掲載しないという基準がある。
　そうすると、ある組織、あるいは個人でも、自分に都合の悪い書籍が出版されそうになった場合、早めに訴えれば、本の広告は新聞に掲載できないということになりますよね。言論を抹殺できる。
門田　恐ろしいことですよ。先の記事を書いた新聞社がスラップ訴訟としか思えないような訴訟を現にいま行って、小川さんと飛鳥新社は広告も出せない言論封殺状況に置かれている。いまの時代はノンフィクションがなかなか売れませんが、その中でも珍しく売れたベストセラー書籍が、すでに広告を出すことができなくなっているわけですよね。こんな恐ろしい言論の封殺が現に新聞社によって行われている。
　朝日新聞は護憲を押し進めているにもかかわらず、日本国憲法の大きな柱の一つである言論・表現の自由を守らないのは、あまりに二枚舌ではありませんか。
　小川さんは堂々と言論の自由を主張してほしいし、この裁判は入り口論で激しく戦わなければならないと思います。
櫻井　広告掲載について、新聞社に抗議しても相手にしてくれないのですか？
花田　「うちの広告掲載基準ですから」と言われればどうしようもない。
櫻井　言論機関である新聞社の対応として、大いに問題にすべきです。このような基準は、具体的に誰が決めるのですか?

花田　それは新聞社ごとで決めている。その基準の背景は広告担当者レベルではわからないし、上に聞くといって持ち帰っても、結局、納得のいくきちんとした答えは返ってきません。

櫻井　すでにこの段階で、日本で言論封殺が現実の脅威として進行している。

花田　朝日新聞は、係争中の本は広告掲載ができないという広告掲載基準があるということを、知っていて提訴したのか、知らないで提訴したのかわかりませんが。

櫻井　新聞社は係争中の本の広告は載せないという現実がある中で、新聞社自身が提訴しているのだから、知らないというのは通らないでしょう。

朝日新聞の広報担当である千葉氏の「建設的な言論空間を維持・発展させていくためにも」裁判に訴えるという発言は、詭弁でしかありません。

花田　そうですね。門田さんが引用された記事にスラップ訴訟の萎縮効果について触れられていますが、朝日の提訴は言論空間の維持・発展どころか、萎縮効果がものすごく大きいですよ。いま、ノンフィクションは売れませんから、若いライターの人たちは取材費もろくにないなかで苦労して取材し、書いています。そのような状況で、いきなりフリーの文藝評論家が五〇〇〇万円の賠償請求で訴えられるという事件が起こったら、それは萎縮しますよ。

櫻井　五〇〇〇万円をフリーの物書きが稼ぐというのは大変なことです。先ほど林先生がおっしゃったスラップ訴訟で反訴して認められた賠償額は一一〇〇万円でしょう。朝日は五〇〇〇万円という高額を請求しているのですから驚かされます。

門田　朝日は完全に言論を放棄したということでしょう。これでは言論機関が言論を捨ててしまっていると言わざるを得ない。

吉田調書誤報と同じ

櫻井　今回の訴訟に至るまでに、朝日新聞の中では、どのような話し合いが行われたと想像しますか？　朝日の記者は自社がこんな訴訟をして恥ずかしいと思わないのでしょうか。

花田　朝日新聞ＯＢの長谷川熙《ひろし》さんや烏賀陽《うがや》弘道さんは、この訴訟はおかしいと言っています。朝日の中でも、もれ聞くとそういう声はあります。上の判断で訴訟をしているので、下の人の声は大きな声にはならないでしょうが、そういう声はある。

門田　私が聞いているのは、〝販売のエース〟と呼ばれ、代表取締役会長まで昇りつめた飯田真也氏が二〇一七年六月で退任し、渡辺雅隆代表取締役社長一人が代表取締役である体制となったことが大きいということです。

そもそもは二〇一四年の吉田調書事件で朝日新聞が謝罪し、記事を取り消し、当時の社長であった木村伊量《ただかず》氏が辞任し、編集幹部たちが更迭されました。そして〝上〟がいなくなったので、タナボタで社長に就任したのが渡辺氏です。ただし、これまでは販売のエースで、渡辺氏より年上の飯田氏が代表取締役会長としてお目付役でいたわけです。しかし、飯田氏が退任して、お目付役がいなくなった途端、早速、申入書を連発し、訴訟を提起したということです。

つまり、私が聞いている話としては、これが渡辺体制の姿勢だということです。「お目付役がいなくなると、恐ろしいよね」ということを内部から聞きました。

櫻井　すると、こういうことが今後も続くであろうということですね。これが今の朝日の体制であり、方針だと。

門田　そうです。しかし、この状況を未来から見れば、「朝日はあのときから崩れていったのだな」ということになると思います。

櫻井　言論機関としての機能を自ら貶めているわけですから、朝日崩壊の始まりがこだったというのは、あり得ますね。

花田　朝日は将棋で言えば、非常に悪手を指したと思いますよ。

櫻井　ただし、門田さんが朝日から恫喝された二〇一四年段階で、すでに朝日はおかしかった。

門田　そうなのです。私自身が朝日から恫喝された二〇一四年五月二〇日の吉田調書誤報事件について少し触れておきます。

五月二〇日の朝日新聞の一面には〈所長命令に違反　原発撤退〉〈福島第一　所員の９割〉という文字が大きく躍りました。

政府事故調（政府事故調査・検証委員会）が、東京電力福島第一原発の吉田昌郎《まさお》所長に聞き取り調査を行った際の記録である「吉田調書」を独占入手したとして、「所長の命令に違反して福島第一原発所員の九割が撤退した」という報道を朝日はしたわけです。一読して私はこの報道は誤報だと思いました。

櫻井　門田さんは吉田昌郎所長へのロングインタビューに唯一成功され、二〇一二年に『死の淵を見た男　吉田昌郎と福島第一原発の五〇〇日』（ＰＨＰ研究所）をお書きになっていますからね。

門田　関係者に多数、取材をしていますから、これは誤報であることがわかりました。それをブログや『週刊ポスト』、産経新聞その他で書いたのです。すると今回と同様に朝日から抗議文がやって来ました。そこには次のようなことが書いてありました。

「報道機関としての朝日新聞の名誉と信用を著しく毀損しており、到底看過できない」

「記事は確かな取材に基づいており、虚報との指摘は誤っている」

「訂正と謝罪記事の掲載を求める」

「誠実な対応を取らない場合は法的措置を取ることを検討いたします」

つまり「謝罪訂正しなければ、お白州に引っ張り出すぞ」という脅しの文が来たわけです。

しかし、私は福島第一の所員一〇〇名近くに取材していますし、吉田所長本人にも取材をしましたからね。誤報は誤報です。

櫻井　あなたほど、あの件で取材した人はいないでしょう。

門田　取材をしていれば朝日の記事は明らかに誤報なので、そう論評して書いたわけですが、すると名誉と信用を傷つけるから、謝罪のうえ訂正しろ、訂正しない場合は法的措置を検討するという文が飛んできたのです。

当時私は、論評に対して論評で回答せず、恫喝文を送りつけるとは、朝日はいったい何を考えているのかと思ったものです。ですから、当時から朝日新聞は、おかしかったとは思いますね。

取材不足を棚に上げ恫喝

花田　朝日から恫喝文が来た後も門田さんは書き続けましたよね。

門田　そうです。その後も私はあらゆる媒体で、朝日の記事がいかに誤報かということを強調して書きました。八月上旬には産経新聞が吉田調書を入手して朝日の誤報を裏付け、八月末までには読売や共同通信も入手して、大々的にこれを報じました。そして、ついに九月一一日に、木村社長が記者会見を開き、朝日新聞の吉田調書報道は誤りだったとして、記事を取り消し、謝罪したのです。

翌日の紙面では、朝日がなぜこのような誤報をしたかという経過報告をしています。つまり内部の動きが書いてある。

「命令違反し撤退」となぜ誤報したのかについては、次のように書いているのです。〈所員に「命令」が伝わっていたか確認不足　少人数で取材、チェック働かず

吉田所長が所員に指示した退避について、朝日新聞は「命令」とし、「命令違反で撤退」という記事を書いた。この記事については、福島第一原発事故の混乱の中で所員の多くに「命令」が伝わっていたかどうかを確認できていないなど、取材が不十分

だった〉（朝日新聞、二〇一四年九月一二日）

櫻井　取材不足ねぇ……。

門田　そうです。しかし、朝日が謝罪する前は、私には朝日の内部のことはわかりません。単に事実と異なるので「事実と異なる」と論評した。その論評に対して、お前は間違えている、謝罪のうえ訂正しろ、しない場合はお白州に引っ張り出すぞと朝日はやったのです。

櫻井　事実を論評したにもかかわらず、朝日は自分たちだけが正しいとした。いきなり恫喝してきた。今回と同じですね。

門田　そうです。謝罪した後には内部の「少人数で取材」「チェック働かず」というお粗末な事情が出てきましたが、抗議文を送りつけてきた時はそういうやり方です。

　私のときは三カ月後に朝日が謝罪したので訴訟には至っていませんが、今回の場合は訴訟までが早い。

花田　早いですね。いきなり来ました。安倍政権が出来てから、ずっと朝日は「社是」と言われるくらい安倍叩きを続けて来た。これが、誤報と言われたので、相当、頭に来たというか、錯乱したとしか思えません。

日本有数の言論機関が

門田　そもそも朝日新聞は日本有数の言論機関なのですよ。新聞紙面だけでなく、別刷り、系列出版社には月刊誌や週刊誌というありとあらゆる言論媒体を持っているのが朝日新聞なのです。そのどこも使うことなく、つまり、言論・論評に対して言論・論評で対抗することをせず、二〇一四年の反省もまったくないまま、いきなり訴えてきている。

花田　朝日新聞が一日にどのくらいの記事を掲載しているか。朝夕刊併せて約四〇ページです。文字にして約一四九万六〇〇〇字くらいで、四〇〇字詰めの原稿用紙で約三七〇〇枚です。これは新書にしてだいたい一五冊にもなります。

　新書一五冊分の情報を毎日、朝日新聞は報じることができるということです。ですから、小川さんの本にそんなに誤りが多いというのであれば、自社媒体を使っていくらでも反論できる。約六〇〇万と言われる読者に伝えることができる。それを一切やらずにこういう訴訟に打って出たというのは朝日が相当、焦っているのではないかと思います。訴訟までのスパンが短いのは、早くこの本をなんとかしなければならないということで焦っているのではとも思いますね。

櫻井　日本ＡＢＣ協会によれば、朝日新聞の販売部数が激減しています。二〇一六年上半期から一七年上半期の一年間に、約三二万五〇〇〇部も減っているのです。これは単純計算でおよそ二分に一人、朝日の購読を止めていることになります。この数字を見れば焦っているだろうと想像はできます。

門田　朝日には私のときと同じ驕りが見られます。あれだけの誤報をして、それでもまだ驕っているのです。自社の記者がどのような取材活動をしていて、ネタ元はどこで、どのような論評をしたか。そして朝日が報じなかったこともあります。報じたものと報じなかったものとのバランス。そういうことを分かっていないし、検証もない、反省もない。

小川さんの本にはそれが書いてあります。そこを突いている優れた論評です。それに対して、恫喝しているのが朝日新聞です。

櫻井　門田さんが指摘した朝日の驕り、傲慢な態度というものを朝日の記者であった長谷川熙さんが指摘しています。彼は朝日から雑誌『ＡＥＲＡ』（現朝日新聞出版）に行き、定年退職後も嘱託やフリーとして関わっていました。その『ＡＥＲＡ』を長谷川さんが辞めた理由はまさに朝日のその傲慢な態度にありました。

朝日が慰安婦問題で吉田清治氏関連の記事を取り消したときのことについて、長谷川さんは次のように書いています。

〈その証言を取り上げた関係記事をすべて取り消すことを明らかにしつつも、内外に深刻な影響を及ぼしてきたその虚報を、そもそも裏付けも取らずに紙面に載せ続け、その報道に各方面から疑問が高まってからも長く放置してきたことに一言の詫《わ》びもなく、問題は、長年にわたり報じてきた官憲の強制連行ではなく、慰安婦が存在したというそのことであると話をすり換え、開き直っていたのである。

この威張《いば》り返った、そして物事をごまかす態度に愕然《がくぜん》とした〉（長谷川熙著『崩壊朝日新聞』、ワック）

長谷川さんは朝日が好きで、八〇歳まで現役だった非常に優秀な記者です。

門田　朝日のスター記者ですよね。

櫻井　そうです。その方が、こういうことを指摘されているということは、まさに朝日というのはそのようなメディアなのだろうと思います。

訴訟負担も不当訴訟被害

櫻井　裁判は今後どう進みますか。

門田　加計学園問題を半年間にわたって朝日新聞は書き続けたわけですが、結局、何もないことは朝日自身がわかっているでしょう。

でも、真実を知っている当事者の証言、現場に行けばわかるような事実を書いたらすべてが崩れていく。だから書かないし、書けないわけです。または書いたとしても、記事検索にも引っかからない程度の書き方しかできない。

しかし訴状では全体像を報じたか報じていないかではなく、小川さんの記事検索にも引っかからないような一つ一つの記事をもってして「報じている」として反論してきています。

裁判官は要件事実をつまんで判決を出しますから、訴状に書かれた一つ一つに対して、小川さんは、このように朝日によって印象操作が行われたからだと、すごい量の証拠を提示する必要が出てきますね。

林　その訴訟負担も萎縮効果を生むのではないでしょうか。それなりの弁護士に膨大な仕事を依頼することになります。

櫻井　腕のいい弁護士に膨大な仕事を依頼すれば、膨大なお金もかかるわけですよ。

林　そうなのです。それも不当訴訟の被害でしょう。

櫻井さんは元朝日新聞記者の植村隆氏から、名誉毀損に基づく損害賠償と謝罪広告の掲載等を求める裁判を起こされています。私は櫻井さんの代理人を務めていますが、その我々の裁判で言えば、膨大な証拠の調査・検討のみならず東京地裁への移送決定が札幌高裁で覆されたので、札幌地裁まで出向かなければなりません。あえてそのような訴訟負担を個人の文筆者に負わせることも不当訴訟による被害の一つではないでしょうか。

櫻井　私や門田さんはフリーのジャーナリストですし、小川さんはフリーの文藝評論家ですが、我々フリーランスの人間というのは、自分の名誉にかけて、こんな訴訟で自分の精神を乱したくないと思っています。不当訴訟を起こされることを恐れるなどということは、自分の名誉にかけて、断じて拒絶するという思いがある。

花田　でも現実的には、例えば小川さんでいえば、この訴訟を起こされたために、また膨大な資料を読まなければいけない。本来の文藝評論家としての仕事ができないわけです。営業妨害なのですよ。

櫻井　それもその通りです。

門田　櫻井さんは九〇年代から、慰安婦の「強制連行」問題について、そのような事実はないという論陣を張りましたからね。私も当時は『週刊新潮』にいて、一緒に戦った部分もあります。当時、櫻井さんはものすごい嫌がらせを受けていました。大量のファックスが送られてきたり、講演先でも嫌がらせを受けたことが思い出されます。

このような訴訟を起こすとは、朝日はジャーナリストとしての矜持がなくなっているということを自ら証明していますね。

日本人の名誉を毀損しておいて

櫻井　朝日新聞は、「小川氏の著書の事実に反した誹謗・中傷による名誉毀損の程度はあまりにひどく」と主張しています。しかし、彼らがこんなことを小川さんに言うのであれば、私は朝日新聞に言いたいですね。朝日新聞が慰安婦問題で報じてきたことは、日本人全体に対するあまりにもひどい名誉毀損ではないですか、と。

門田　それはその通りです。もし日本が慰安婦の方を本当に「強制連行」したのであれば「拉致」、慰安所に閉じ込めたのだとしたら「監禁」、そして意に沿わない性交渉を強いたとしたら「強姦」という罪になります。拉致、監禁、強姦罪です。もし、これが真実なのであれば日本人は本当に歴史に対して反省し、心の底から謝罪しなければなりません。

しかし、「強制連行」の証拠はいまだに出てこず、否定する事実ばかり出てきています。そして朝日新聞はそのような事実がないにもかかわらず、日本は「拉致、監禁、強姦」を行ったと書いてのけた。そして、それを長年にわたって放置しました。

そういう面から見れば、韓国の人たちもかわいそうだなとは思います。朝日新聞が慰安婦問題で長年にわたって嘘を放置したために、史実ではない「強制連行」を信じ込まされてしまった。「女子挺身隊」が慰安婦だと信じ込んで、少女をモデルにした慰安婦像を世界中に建てているわけです。慰安婦像が少女を象《かたど》っているのは、韓国人が「女子挺身隊」と慰安婦を混同しているからなのですよ。

「女子挺身隊」は戦時中の国家総動員体制の下、労働力不足を補うために組織され、女子挺身勤労令に基づき義務づけられた労働でした。一四歳以上の未婚女性が対象です。彼女たちが軍需工場に行って、高射砲の弾を作ったりして、日本の戦いを背後から支えたわけです。あろうことか、この人たちを慰安婦と混同したのですから、何をかいわんや、ですね。私の伯母たちは、みんな女子挺身隊でしたよ。こんな恥ずかしい勘違いで世界中に少女像を建てているあの国は、真実を知っても、いや間違っているのは日本だと言い続けるのでしょうか。

しかし韓国人に、「女子挺身隊」は慰安婦ではなく、あの少女たちのことだと説明しても、もはや誰も耳を傾けませんからね。そしていまや、日本と韓国は決定的に慰安婦問題で亀裂が入った状態になってしまっています。

これで朝日新聞は満足なのですか、と聞きたいですね。

花田　満足なのでしょうね（笑）。そうとしか思えない。いったい、何のためにそんなに日本を、自らの祖国を貶めたいのか。

朝日の報道の影響力

櫻井　そしていまだに同じようなことを続けているということが問題なのです。このような朝日新聞ですが、いまだ日本のリーディング・ペーパーという位置づけです。

花田　それはそうです。信頼感もやはりまだいちばん高いのでしょう。実際は違いますよ（笑）。でも、朝日新聞が書いているなら本当だと思う人は多いのです。

門田　すでにインターネット上では、「朝日新聞が書いているからデタラメに決まっているだろう」というようなことに普通になっていますが（笑）。

櫻井　それは嬉しいことですが（笑）、インターネットを使う人と使わない人との間で情報が二分されてしまっていますね。

花田　テレビ番組を製作する人達の朝日新聞に対する信頼感が高いということも大きい。朝日の報道を受けてテレビは報道しますから。

例えば、萩生田光一前官房副長官（現自民党幹事長代行）は、テレビで加計学園問題の中心人物の極悪人であるかのようにさんざん報じられてきましたね。その萩生田さんが二〇一七年一〇月の衆院選で選挙演説をしていたら、ヤジが飛んだ。「疑惑を説明しろ」というヤジが飛んだそうです。だから、萩生田さんは演説が終わってからヤジを飛ばした人のところに行って、「疑惑を説明しますが、何が疑惑なのですか」と聞いた。するとその人は、「そんなことは俺は知らねえ、テレビがなんか言ってるじゃないか」と言ったそうです。テレビを見ているほとんどの国民はこうして〝疑惑〟を持つようになります。

テレビは朝日が報じているから正しいのだという一定の判断基準を持ってワイドショーなどを放送する。まだまだ朝日の報道は影響が大きいのですよ。

櫻井　そうして民主主義の土台を朝日新聞が壊しているのが、いまの日本の状況だと私は思います。民主主義国家では、一人一人が考え、問題意識を持つことが大きな力になり、流れになって、国の行方を決めます。

その私たち一人一人に対して、メディアがきちんとした情報を伝えなければ、我々は進むべき道を誤る可能性があります。

花田　朝日の報道で安倍内閣の支持率は大幅に下落しました。当時、五〇%以上の支持率があったから、安倍政権はもちましたが、三〇%くらいだったら倒れていた。もしかしたら安倍政権は朝日が虚報を続けることで倒れていたかもしれないのですから、恐ろしいことです。

門田　インターネットがなければ倒れていたでしょうね。

櫻井　おそらくそうでしょう。

花田　朝日の報道で倒閣できてしまう状況だったわけですが、次章でお話しするように、安倍総理の関与という事実は何もないわけです。インターネットが存在せず直接に当事者の声が聞けない状況下で、朝日新聞が安倍政権を倒そうと考えて「疑惑」記事を書き続ければ、事実がなくとも倒閣できてしまったかもしれない。これは本当に怖いことです。

（二〇一八年一月一九日放送）

第2章

印象操作を〝自白〟した朝日の訴状

櫻井よしこ×門田隆将×林いづみ×花田紀凱

「安倍晋三首相が関与したとは報じていない」

櫻井　今回の朝日の訴状を読んで最初に感じたことは、これは究極の論理のすり替えだということです。例えば、訴状には、こう書いてあります。

〈本件書籍（編集註／小川榮太郎氏の著書）は、森友学園問題及び加計学園問題について「何よりも衝撃的なのは、仕掛けた朝日新聞自身が、どちらも安倍の関与などないことを知りながらひたすら『安倍叩き』のみを目的として、疑惑を『創作』したことだ。」（5頁）、「『安倍叩き』は今なお『朝日の社是』なのだ。」（19頁）と記載した（摘示事実②）。

しかし、原告は上記両問題について安倍晋三首相が関与したとは報じていない。安倍首相が関与していないことを知っていたこともない。「安倍叩き」を目的として報道したこともない。疑惑を創作したこともない〉

「安倍晋三首相が関与したとは報じていない」と書いてあるのです。

門田　ハッハッハ。私もやはり、同じところに注目してしまいました。

花田　昨年初めから、朝日新聞は約六〇〇回以上も森友・加計学園問題や安倍政権について報じているのですよ。その膨大な記事で怪しい怪しいと印象操作しているにもかかわらず、「安倍晋三首相が関与したとは報じていない」です。

櫻井よしこ、門田隆将、花田紀凱、林いづみ

櫻井　朝日新聞が書きに書いた膨大な森友・加計学園の記事の結果、安倍内閣の支持率が急落したにもかかわらず「関与したとは報じていない」。よく言いますねぇ（笑）。

門田　私は本当に今回、この部分で「えっ？」と（笑）。これはびっくりしましたね。

これは、朝日新聞が森友・加計問題で「印象操作をした」と自ら認めているに等しいわけですよ。「安倍晋三首相が関与したとは報じていない」にもかかわらず、膨大な記事を書き、安倍内閣の支持率をあそこまで落とさせたわけですからね。

花田　要は、安倍首相の「関与は証明できなかった」と言っているわけです。

櫻井　こんなことを書くのはメディアとしては本当に恥ずかしいことなのですけどね。

林先生は法律家としてこの訴状を読んで、どう思われましたか。

林　さすが朝日新聞社ですから、立派な代理人の先生を選任されて、形式的にはオーソドックスな形で書かれています。ですから今後、名誉毀損問題のオーソドックスな戦いがなされると思います。

出発点はまず、「事実の摘示」か「意見の表明」かになります。訴状で「摘示事実」として挙げられているものについて、すでに小川さんからはそれらは全て自分の「意見の表明」だという回答がなされているので、まずはそこが争点になるかと思います。

その上で、名誉毀損訴訟では、仮に「事実の摘示」であるとしたら、その記載が真実であるかどうか、あるいは真実でないとしても、執筆時に真実であると信じたことについて相当性があるかどうか、また、公正な論評であるかどうか、などが今後議論されていくことになると思います。

あくまでも、一般論として言えば、冒頭で議論になった「不当訴訟」かどうかなども、今後、出てくるのではないかと思います。

加戸さんインタビューは愛媛県版だけ

門田　この訴状で朝日新聞は小川さんの本の文章を複数取り上げ、この部分は事実ではない、この部分は名誉毀損であると指摘しています。そしてそれぞれ、朝日は取材をしてこうだったとか、朝日はここことここで報じていると提示しています。裁判で、被告である小川さんと飛鳥新社は、この一つ一つに証拠を提示していかなければなりません。しかし、小川さんがこの本の中で言っているのは、自分が見た記者会見、あるいは国会証言が、「こんな記事になるのか？」ということなのです。「あの記者会見がこの紙面になるのか？」と小川さんは突いているわけです。

花田　その通りだと思います。朝日の紙面の分析、批評なのです。

門田　確かに、「朝日は報じていない」と小川さんが本で書いていることについて実際は小さく報じているかもしれない。しかし、小川さんが主張していることはそういうことではありません。朝日新聞が一定の目的に向かって「印象操作のためにずっと書いていったとしか考えられない」ということを本一冊を使って書いている。だからこそ、先ほどの「安倍晋三首相が関与したとは報じていない」という言い分には目が点になりますね。

例えば二〇一七（平成二九）年七月一〇日の国会の閉会中審査を受けて、朝日新聞がどのような記事を書いているか。あの日は青山繁晴さんなどの質問があり、加計問題の核心に触れる答弁がなされています。しかし、翌一一日の朝日新聞朝刊はそれには触れないわけです。朝日新聞七月一一日朝刊一面の見出しは、前愛媛県知事の加戸守行さんの証言には触れず、こうなっています。

〈加計ありき　疑念消えず　前川氏「官邸が関与」　首相ら当事者　不在〉

どこまでいっても、この日はこのトーンなのです。

社会面は次のような見出しです。

〈「個人攻撃」に前川氏反論　辞任巡る菅氏発言「地位恋々　一切ない」／出会い系バー報道「官邸と連動　感じた」〉

このような報道一色で、当事者で決定的なあの加戸証言にはどこにも見出しが取られていない。やっと加戸証言を見つけることができるのは、一般記事ではなく閉会中審査での「やりとり詳報」です。これは、やりとりの詳報ですから、触れざるを得ないから触れているのです。

櫻井　それも、たった二〇行だけです。

門田　そうです。しかも見出しは、〈「愛媛は12年間加計ありき」加戸氏〉というものです。まるで加計が何か関与したかのように印象づける加戸証言にしてしまっているわけです。しかし、実際には、そもそものスタートは今治選出の民主党県議と加計学園の事務局長が友達だったことであり、この関係に加戸知事自身が乗って、事を進めたことが詳細に語られました。そして、いかに愛媛県今治市に獣医学部が必要か、いかに歪んだ行政が正されたか、安倍さんの関与など全然ないということが証言されました。その中で、加計学園しか獣医学部新設に手を挙げてくれなかったのだという実態を加戸さん独特の表現で語った「愛媛は12年間加計ありき」を見出しにとる。詳報の中ですら、こういう取り上げ方をするわけです。

櫻井　その国会閉会中審査での加戸守行さんの証言を新聞各紙がどれだけ取り上げたかについて産経新聞が報じましたが、門田さんが指摘されたように一般記事で朝日は〇行です。今治市長の記者会見記事で間接的に加戸さんに数行触れていますが、こんなものは書いたことになりません。

門田　ここで重要なのは、朝日の訴状はミクロな話に問題を持ってきているということです。例えば、「あの国会での加戸証言がなぜ一般記事で〇行なのか」という話を、「詳報で報じているじゃないか」と言っているような、そんな訴状だということです。確かに詳報では報じています。でも常識的に考えて、七月一一日の紙面をもって、報じていると言えますかという話でしょう。戦い方をよほど気をつけないといけないと思います。

櫻井　小川さんが当事者である加戸さんについて報じていないと書いたところ、朝日は訴状で次のように書いて、報じているのだと言っています。

〈（前略）さらに、原告は、第1報掲載後においても、本件書籍記載の上記の「これらの当事者」の発言を幅広く報じていたものである（これらの当事者に記者会見や国会での証言などを含め取材して掲載した記事の一部として、（中略）同年6月19日付朝日新聞朝刊記事（甲35・加戸守行氏）、同年6月21日付朝日新聞愛媛県版記事（甲36・加戸守行氏）、（後略）〉

ここで朝日が言っている二〇一七年六月一九日の記事は、〈誘致の今治　期待と不満〉というもので、たった一三行だけ加戸さんの話が掲載されています。

またもう一つ朝日が挙げているのは一七年六月二一日の加戸さんのインタビュー記事で、見出しは〈獣医学部誘致　加戸前知事に聞く　事柄の本質は公務員獣医師の不足「総理の意向」なら10年前にできた〉というものです。

これを見ると、「朝日は加戸さんのインタビュー記事を掲載していたのか」と一瞬思いますが、なんとこれは愛媛県版なのです。つまりローカル版で、四七都道府県のうち愛媛の人しか見ていない記事です。

花田　我々は見ていませんからね。こんな記事を持ち出さなければならないこと自体、朝日の加計報道がいかに偏っていたかの証拠ですよ。

櫻井　そうです。これをもって、胸を張って「加戸さんについて報じている」と言えるのでしょうか。

　朝日がこの間行ってきたのは、総理大臣の加計学園獣医学部新設への関与を追及する全国版での大キャンペーンです。先ほども触れましたが、この朝日のキャンペーンで安倍政権の支持率は六割台から三割台に下落したのですよ。都議選では自民党が惨敗したのです。こうしたことの原因の一つとなった一連の大キャンペーン報道について、重要なキーマン、当事者の証言を愛媛県版で書いただけで「書いている」と胸を張るとはなんと卑怯なやり方かと思います。

門田　この愛媛県版の〈「総理の意向」なら10年前にできた〉という見出しを全国版に出していれば、「書いている」と言えますが、そんなものは全国版ではまったく報じられていません。

見出しの印象操作がひどい

花田　今回の朝日の一連の報道で重要なのは見出しなのです。とにかく見出しがひどく、見出しによって印象操作を強く行っています。

例えば、森友学園前理事長である籠池泰典氏の証人喚問がありましたが、その翌日二〇一七年三月二四日の朝日新聞の紙面は常軌を逸しています。朝日新聞を挙げて、安倍昭恵さんが関与していたかのような印象操作をしているとしか取れない。

まず、一面に大きく〈昭恵夫人付職員が関与〉の見出しがあります。それと絡めて〈野党、昭恵氏の招致要求〉の見出しです。

天声人語には、〈証言は小説よりも奇なり〉。

二面では大きく〈昭恵氏　渦中に〉とあり、〈ファクスに「夫人へ報告」〉〈「100万円匿名　電話で承った」〉とある。そして〈焦る政権、一斉火消し〉です。

四面には〈深まる疑念　野党攻勢へ〉。

そして社説は、〈昭恵氏の招致が必要だ〉です。

三七面には「籠池氏証人喚問、主なやりとり」があり、次の見出しが並んでいます。

〈籠池氏「昭恵夫人から、口止めとも取れるメール」〉〈「お人払いをされ、100万円を頂き金庫に」〉〈「夫人から財務省に、働きをかけて頂いた」〉

さらに、三九面に〈籠池節　どよめく国会〉〈「事実は小説よりも奇なり」〉とある。

ともかく紙面を挙げて印象操作をやっているのです。

櫻井　これを見れば昭恵さんがとんでもなく悪いことをしたように読者は思いかねない。

花田　しかも、この日の三七面について、小川さんは本の中で「昭恵叩きの虚報三連発」と書きました。それに対して朝日は、小川さんへの申入書で次のように書いています。

〈記事は、虚偽の証言をすれば偽証罪に問われる可能性がある参議院予算委員会の証人喚問における籠池泰典証人の発言の要旨を記載したもので、上記見出しは発言内容の重要な部分を見出しとしたものです。籠池氏が上記のとおり発言したことは真実であり、「虚報」には該当しません〉

なんと籠池氏が発言した通り書いているからいいのだ、と言っているのですから驚かされます。

門田　朝日の見出しによる印象操作で言えば、一七年六月一三日に国家戦略特区諮問会議の民間議員が開いた記者会見でも驚かされましたね。私はたまたまインターネットで会見を見ていたのですが、国会の閉会中審査での加戸さんの持ち時間よりも、この記者会見は長い時間が取れたので、非常に全体像がわかる説明を聞くことができました。

記者会見では、国家戦略特区諮問会議が規制官庁である文科省をまず呼んで、そこから民主的な手続きを踏んで、いかにきちんと獣医学部新設を進めたかということを完全に説明していました。つまり安倍総理の関与など「ない」ということがよくわかったわけです。しかし、翌一四日に朝日新聞が書いた記者会見についての記事の見出しはこれなのです。

〈「判断ゆがまず」でも「最後は政治判断」〉

つまり正反対の見出しになっているのですよ。

櫻井 言論機関が事実を歪め続ける。恐ろしいことです。

花田 あの記者会見は加計学園の獣医学部新設についての全体像が非常によくわかるものでした。

門田 そうです。記事の内容はこう書かれています。

〈学部新設をめぐっては、まず諮問会議が獣医学部設置を「空白地域」に限って認めることにした。八田氏は、この時点では、今治市と同様に獣医学部設置をめざしていた京都府と京都産業大も対象外ではなかったとの認識を示した。その後、関係閣僚が「1校限り」とさらに条件を絞った。最終的に、京都府と京都産業大が対象から外れた。

八田氏は「1校限り」という条件が日本獣医師会の要望を受けたものだとし、「最終的には政治決定。山本（幸三）大臣（地方創生相）が決めたことだ」と語った〉（朝日新聞、二〇一七年六月一四日）

つまり、獣医学部新設が加計学園一校になったのは、日本獣医師会の要望だった。日本獣医師会の圧力をどう扱うかは「政治判断」だという趣旨で八田達夫氏は語っています。それを、まるで安倍総理の「政治判断」があったかのごとく、この見出しにしている。

朝日の訴状は「全く報じていないというけれども、ここに報じています」というような趣旨で細かく書かれていて、小川さんの指摘には真正面から向き合っていない。問題をすり替えています。実際は「安倍首相がいかに関与しているか」「いかに疑わしいか」「いかに非難されるべきか」ということを中心において朝日は記事を書いているわけです。そうでなければ、国家戦略特区諮問会議民間議員の記者会見が、翌日にあんな記事にはなりません。

それをやり続けたのが、森友・加計問題での朝日新聞です。

「毎日も同じようにやってるよ」

櫻井　そして問題の「総理の意向」の記事について朝日の訴状はどう書いているか。二〇一七年五月一七日の朝日新聞は一面で次の見出しを大きく打ちました。

〈新学部「総理の意向」〉

それと絡めて、〈文科省に記録文書　内閣府、早期対応求める〉とも書いています。この記事には文書画像が掲載されていますが、この文書の周辺は黒く影を落として読めないようにしてあります。

この記事について朝日の訴状は、面白いことを言っています。

花田　そうなのですよ（笑）。呆れました。

門田　ここは注目の場所ですね。

櫻井　朝日の訴状は次のように書いています。

〈（前略）その余の部分は黒い影になっているが、これは①部分が最も重要な部分であり、記事が当該部分について報じたことによるものである。

このように文書について報道する場合に文書の一部にスポットをあてた写真を掲載することは新聞報道の一般的な手法であり、毎日新聞、読売新聞、東京新聞も本件文部科学省記録文書の写真を同様の手法で掲載している（後略）〉

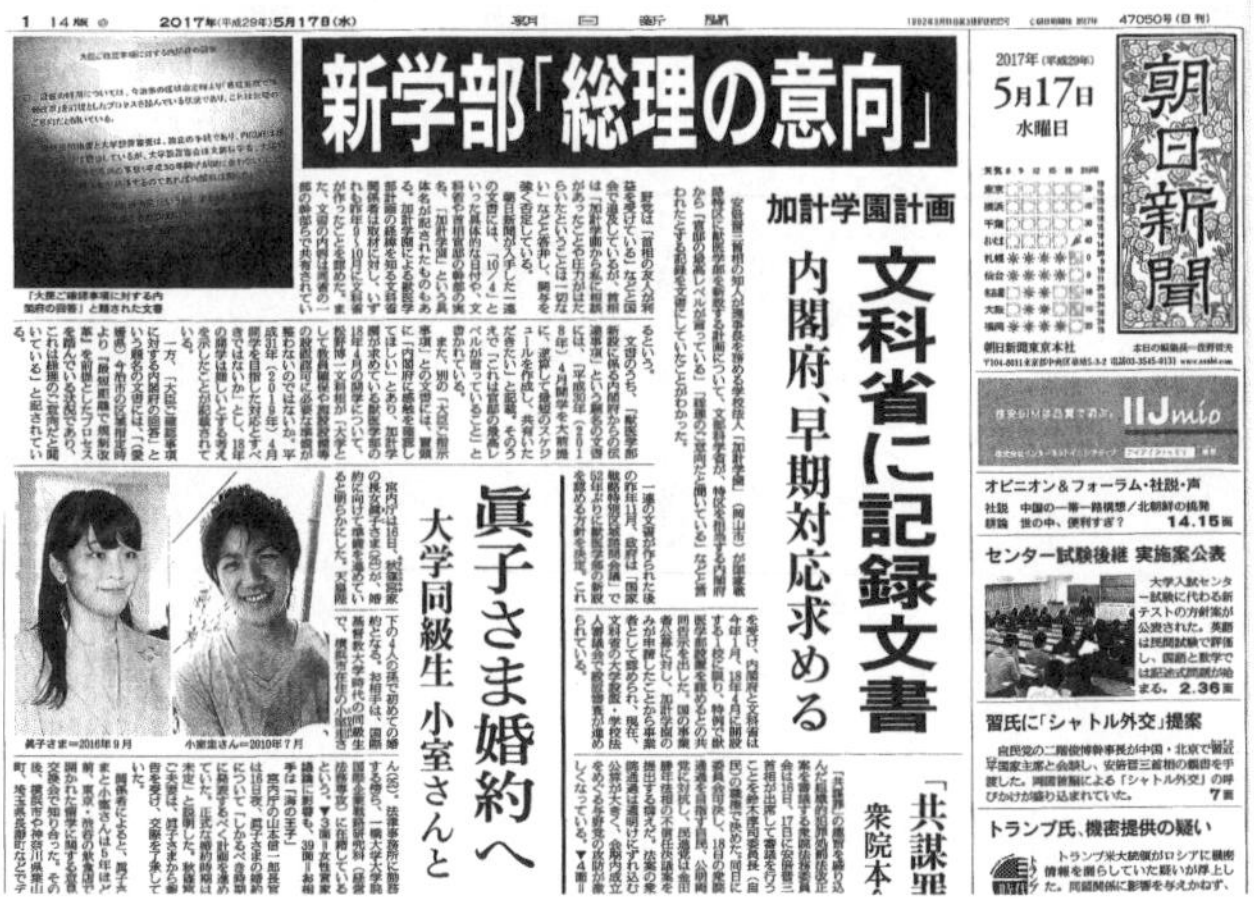
1　14版　2017年(平成29年)5月17日(水)　朝日新聞　47050号(日刊)

新学部「総理の意向」

加計学園計画

文科省に記録文書

内閣府、早期対応求める

「大臣ご確認事項に対する内閣府の回答」と題された文書

眞子さま婚約へ

大学同級生　小室さんと

眞子さま＝2016年9月

小室圭さん＝2010年7月

2017年(平成29年)
5月17日
水曜日

朝日新聞

オピニオン＆フォーラム・社説・声

センター試験後継　実施案公表

習氏に「シャトル外交」提案

トランプ氏、機密提供の疑い

朝日新聞2017年5月17日

つまり、隠したのではなくスポットを当てて際立たせたのだ、同じようなことを毎日も読売も東京もやっているではないかと、朝日は言っています。まず、スポットを当てたと言いますが、その隠された部分が問題なのです。隠されている部分にはなんと書いてあったか。

門田　〈「国家戦略特区諮問会議決定」という形にすれば、総理が議長なので、総理からの指示に見えるのではないか〉

　こう書いてありますね。

櫻井　そうです。「総理からの指示に見えるのではないか」と書いてあるのだから、「総理の指示ではない」ということが全文を見せればわかるわけです。

花田　そう読むのが普通だと思います。

櫻井　でも、それを記事に書かず、文書は影を落として隠して読めないようにしているのが朝日新聞です。読者は総理が加計学園のために何か働きかけをしているように思います。

門田　そもそもは「岩盤規制をスピード感を持って突破せよ」というのが「総理の意向」なのですが、この記事からは「加計学園を優遇」するのが「総理の意向」だという印象を受けますね。

櫻井　そう思わせますね。

さらに、朝日は文書に影を落として一部しか見えないようにしたことについて、「毎日も読売も東京も同じようにやってるよ」と言っています。毎日新聞の文書写真は確かに文書の一部しか読めません。

しかし、記事本文に毎日はきちんとこう書いているのです。

〈（前略）文書には「設置の時期については（中略）『最短距離で規制改革』を前提としたプロセスを踏んでいる状況であり、これは総理のご意向だと聞いている」と書かれていた。また、この文書には「国家戦略特区諮問会議決定という形にすれば、総理が議長なので、総理からの指示に見えるのではないか。（後略）」〉

花田　ちゃんと書いていますね。

櫻井　確かに写真ではその部分が見えないようになっていますが、毎日新聞はちゃんと記事本文に書いています。朝日さん、あなたは書かなかったじゃないの、と言いたいですね。

門田　朝日は隠したままです。

花田　これについては、二〇一七年一一月二七日の衆院予算委員会で、自民党の菅原一秀さんが質問しました。

〈菅原氏は「これはすなわち『指示がない』ということではないか。朝日新聞はわざと下のほうを隠したんでしょうかねぇ」と首をかしげた。その上で「総理の意向があって困っているのではなくて『意向がなければ困る』『あったらありがたい』という状況だったのではないか」と指摘した〉（産経ニュース、二〇一七年一一月二七日）

するとと翌日の読売新聞が社説でこう書いています。

〈問題の発端は、内閣府が「総理のご意向」として開学を促したとされる文部科学省の内部文書の発覚だ。文書は「『諮問会議決定』という形にすれば、議長の総理の指示に見えるのではないか」との内閣府側の発言も記している。

「これは、首相からの指示がないということではないか」との菅原氏の指摘はうなずける〉（読売新聞、二〇一七年一一月二八日）

つまり読売新聞も、この朝日の五月一七日の報道はおかしいと言っているのです。

「総理の意向」文書のおかしな解釈

門田　朝日はこの文書の読み解きもおかしくて、訴状でこう述べています。

〈この一連の記載に沿って読めば、上記③の「『国家戦略特区諮問会議決定』という形にすれば、総理が議長なので、総理からの指示に見えるのではないか。」との記載は、今治市での大学設置時期について最短距離での総理のご意向を実現するためには、国家戦略特区諮問会議決定とし、総理からの指示に見えるようにするのがよいとの趣旨であることが明らかである〉

つまり、朝日は影で隠した部分は、「総理のご意向」にかかっていると言っている。私はこれを見て驚きました。普通は誰もそうは読まないと思います。

この文書「大臣ご確認事項に対する内閣府の回答」は、「プロセス・開学時期」「政府内の取扱い」「党関係」「官邸関係」の四項目に分けられて構成されています。そして「プロセス・開学時期」の話は冒頭で終わっているのですよ。

「プロセス・開学時期」について次のようなことが書かれています。

〈○設置の時期については、今治市の区域指定時より「最短距離で規制改革」を前提としたプロセスを踏んでいる状況であり、これは総理のご意向だと聞いている。

○規制緩和措置と大学設置審査は、独立の手続であり、内閣府は規制緩和部分は担当しているが、大学設置審査は文部科学省。大学設置審査のところで不測の事態（平成30年開学が間に合わない）ことはあり得る話。関係者が納得するのであれば内閣府は困らない。〉

ここに「総理のご意向」が出てきているわけですね。

次に「政府内の取扱い」部分がきます。ここにわれわれがこだわっている例の文言が出てくるわけです。

〈○「国家戦略特区諮問会議決定」という形にすれば、総理が議長なので、総理からの指示に見えるのではないか。平成30年４月開学に向け、11月上中旬には本件を諮問会議にかける必要あり。

○農水省、厚労省への会議案内等は内閣府で事務的にやるが、前面に立つのは不可能。二省を土俵に上げるのは文部科学省がやるべき。副長官のところに、文部科学省、厚生労働省、農林水産省を呼んで、指示を出してもらえばよいのではないか。〉

つまり、これは内閣府が規制官庁である文科省に対して、「こうしたらいいよ」とサジェスチョン（示唆）している文言なのですよ。

その後、「党関係」「官邸関係」について文書は続きます。

ですから、「～という形にすれば、総理が議長なので、総理からの指示に見えるのではないか」という部分は「政府内の取扱い」について書かれたところにかかるのであって、「プロセス・開学時期」について書かれた「総理のご意向」にかかるわけはないのです。

朝日の訴状で先に引いた部分には「～との趣旨であることが明らかである」と書いてありますが、どこが明らかなのか。内閣府が文科省にサジェスチョンしている文言だととるのが普通です。朝日新聞がこの文書の全体像を報じなかったのは、全体を報じると安倍総理の疑惑が吹き飛んでしまうからではないか。そう推測できるという趣旨で、小川さんは本に書いています。私も小川さんと同じことを感じますので、小川さんは当たり前の論評をしたのだと思いますね。

櫻井　私も全く同じように感じます。

門田　常識的に見れば、そういうことですよ。

森友・土地問題の嘘

櫻井　朝日新聞は森友学園問題でも、二〇一七年二月九日に次のような見出しの記事を掲載しています。

〈大阪の国有地　学校法人に売却〉〈金額非公表　近隣の1割か〉

これが森友学園問題の始まりの記事なので、少し引用します。

〈朝日新聞が登記簿などを調べると、森友学園側に契約違反があった場合、国が「1億3400万円」で買い戻す特約がついていた。公益財団法人の不動産流通推進センターによると、買い戻し特約の代金は売却額と同じ額におおむねなるという。森友学園の籠池泰典理事長も売却額が買い戻し特約と同額と認めた。

一方、財務局が森友学園に売った土地の東側にも、国有地（9492平方メートル）があった。財務局が10年に公共随契で豊中市に売ったが、価格は約14億2300万円。森友学園への売却額の約10倍とみられる。ここは公園として整備された。

森友学園が買った土地には、今春に同学園が運営する小学校が開校する予定。籠池理事長は憲法改正を求めている日本会議大阪の役員で、ホームページによると、同校は「日本初で唯一の神道の小学校」とし、教育理念に「日本人としての礼節を尊び、愛国心と誇りを育てる」と掲げている。同校の名誉校長は安倍晋三首相の妻・昭恵氏〉

実に、朝日の思惑が透けているような記事です。しかし、記事にあるように森友学園建設予定地のすぐ東側には後に野田中央公園となった土地があり、これを国は豊中市に売却しています。その土地について朝日新聞は、「価格は約14億2300万円」だと書いていますね。この件について門田さんはよくご存じだと思いますが、朝日は全体像をちっとも示していませんね。

門田　現地を取材しましたが、そもそもここは大阪空港騒音訴訟のまさに現場なのです。いちばんすごかったのは昭和四〇年代の後半ですが、この周辺では反対運動が激しく起こっていたわけです。

その結果として、この辺りの土地は国が買い取らなければならなくなりました。その後、長い間、国が土地を所有していたのですが、これを国は売却をしたかったわけです。一方、豊中市はこの辺りを文教地区にしたいという思いがありました。あの辺りには、防音施設を完備した大阪音楽大学や、そこへ続く「オペラの道」などがあって、文教地区にしていきたいという事情がある。国は問題のある土地を補助金を出してでも売りたい、一方、豊中市は来てほしい。まずそういう状況がありました。

では、野田中央公園を豊中市は実際いくらで国から買ったのか。実は豊中市に国は約一四億円の補助金をつけ、その上で約一四億二三〇〇万円で売却しているのです。

つまり、ほとんどは補助金で、実質の値引きは、なんと九八・五%ですよ。

もう一カ所、いま豊中給食センターになっているところは、補助金をぶち込んでぶち込んで、ついにゼロ円にしています。つまり一〇〇%の値引きです。

櫻井　それを書かなければ、記事は事実上、嘘になる。朝日新聞はそこを書かない。

門田　森友学園の土地が総理の口利きで八億円も値下げされる、そんなことがあり得るはずがないし、必要もないのです。大阪で取材しているジャーナリストはみんな知っていることです。国が国有地を売りたくて仕方がなくて、豊中市は、ここを文教地区にしたくて仕方がない。タダでもいいから国は売りたい土地だったという事情は、大阪のマスコミはみんな知っています。

櫻井　朝日の記者も知っているはずですね。

門田　もちろん、知っているだろうし、知っていなければならないはずです。

櫻井　朝日の記事には、野田中央公園の土地は財務局が約一四億二三〇〇万円で豊中市に売ったと書いてありますが、補助金の説明がない。実質約二〇〇〇万円だったと書かなければならないはずです。給食センターは実質ゼロ円だったと書かなければ、全体像がわかりません。

門田　森友学園建設予定地の売却額は、鑑定価格の九億五六〇〇万円から「ゴミ撤去費」として約八億円などを差し引いた一億三四〇〇万円とのことです。ですから、これはまだ八六％の値引きに過ぎなかった。近隣と比較すれば、まだまだこれから、値下げできるところだったということでしょう。

花田　読売新聞はこの土地に関して一度、書きました（二〇一七年三月二二日）が、朝日は一切、書いていません。

櫻井　先ほど花田さんが朝日新聞は毎日、新書で約一五冊分もの情報を報じていると指摘しました。膨大な情報を報じている中で、この程度の加戸証言の報じ方、または森友学園周辺の国有地売却についての報じ方です。これでは朝日新聞は物事の本質を全く伝えていない、むしろその気がないと言われても仕方がないと思います。

花田　そう思いますよ。にもかかわらず、我々はこう書いていると訴状に付けて出してくる朝日の神経を疑いますね。

ジャーナリズムと真実相当性

花田　訴状には、小川さんが本に朝日は三回しか報じていないと書いたことについて、「いや、一〇回報じています」と細かく書いています。でもそんなことは枝葉末節なことなのです。確かに朝日は一〇回書いていますが、小さな記事です。丹念に探せば見つけられるかもしれませんが、小川さんの記事検索にも引っかからなかった記事なのです。しかも、小川さんは報じた回数を問題にしているのではなく、朝日の報道全体が与える印象について本一冊を使って述べているわけです。もちろん小川さんは、朝日が報じた数を間違えたのならば、それは正すと言って、すでに後の版では訂正しています。にもかかわらず、朝日の訴状は本当に細かいことばかりを言っている。

櫻井　検索にも引っかからないような記事を数え間違えたからといって、そんな細かいことをあげつらうというのは法律的に正当なことなのですか。

林　例えば、小さな記事も含めて一〇回書いているものを、三回しか書いていないと本で書いた場合に、いったい朝日新聞のどんな名誉が毀損されるのか。損害との因果関係も問われるかもしれません。

そもそもその程度の違いであれば、訂正すれば済む話ですよね。「事実の適示」として指摘できる部分がそのくらいしかないということでしょうか（笑）。

花田　例えば、小川さんが森友学園問題についての共産党や民進党の議員による国会での質疑や森友学園の籠池泰典理事長側の説明について、「初報をスクープした朝日新聞は、これらの質疑や会見内容を全く伝えていない」と書いたことについて、朝日は、「いや、伝えているよ」と次のように訴状で書いています。

〈しかし、原告はこれらの質疑や会見（説明）を、２０１７年2月14日付朝日新聞朝刊「学園『ごみ撤去1億円』」の記事（甲3）及び同年2月18日付朝日新聞朝刊「国有地売却巡り国会で答弁」の記事（甲4）で報じている〉

櫻井　（笑）。

花田　「全く伝えていない」の「全く」というのは、全然読者や国民に伝わっていないということです。それを「全くじゃないじゃないか」とたった二つの記事を出してきて反論する。そういうことばかり訴状は言っています。

門田　非常に揚げ足取り的な部分が多いですね。

先に林先生がおっしゃった真実相当性の部分に付け加えると、ジャーナリズムというのは往々にして「間違える」のです。ジャーナリズムに強制権はなく、捜査当局のように強制的に事情聴取や証拠物の押収ができるわけではありません。あくまで熱心な取材と説得力が必要で、最終的には相手のご好意によって証言してもらうわけです。それを積み重ねて真実に迫っていく。

強制する権力を持っているわけではないので、間違えることもあります。だから真実相当性というものがある。このジャーナリストはここまで取材した、そしてこういう証言や証拠を得たので、これを真実だと思った相当なる理由があるということなのです。間違えることを前提として裁判で見てもらえるようになっています。しかし、昔と違い、真実相当性のハードルはどんどん上がっています。あまりそこを認めてもらえなくなってきていますね。

真実追及を踏みにじる側に立った朝日

櫻井　その実例を教えてください。

門田　私自身が裁判で経験しましたが、二〇〇〇年代以降は全然違います。一九九〇年代半ばまでは裁判で負けることはそんなにありませんでした。言論の自由が尊重されていて、情報源を明かさなくてよかったからです。もちろんジャーナリズムにとって情報源、取材源の秘匿は当然で、開示はできません。

しかし、九〇年代後半から情報源を明かさないことが裁判で〝ゼロ評価〟になりました。一〇〇のものが三〇や四〇の評価に目減りするならまだわかりますが、ゼロ評価なのです。だから訴訟に負ける。

裁判所が言論・表現の自由を軽視し、個人の人格権だけを重んじるようになった。しかも公の存在である選良、つまり政治家なども、ただの「個人」としてその人格権が重んじられるようになった。こうなってしまったのは、権力者である政治家が九〇年代以降、名誉毀損による損害賠償額を大きく設定するためのルール作りを最高裁判所に促したからです。週刊誌報道という厄介なものを制御するために裁判所を使うことを考えついたのです。

花田　権力側は言論の自由を真っ向から否定はできませんからね。

門田　そうです。二〇〇〇年代に入って賠償額の見直しがなされ、まるで麻雀のような点数制による損害賠償額の算定法ができました。記事の内容が不適切なら八点、顔写真を掲載していたら一〇点などとすべて点数化し、一点一〇万円として損害賠償額をはじきだすことになった。そうして賠償額は平均してそれまでの三倍に跳ね上がったのです。裁判所は、こうして政治家も含めた個人の人格権を重んじてメディアを萎縮させてきました。メディア自身も今回の朝日新聞のようにジャーナリストを萎縮させるようになっています。日本の言論・表現の自由が非常に危うくなっているのは間違いない。

櫻井　日本の言論空間が非常に窮屈になりますね。

門田　萎縮効果はものすごく大きいですよ。このような訴えを起こされるとなると、「敢えてこのこと書かなくてもいいや」とか「面倒くさい」という気持ちになりかねない。

櫻井　面倒に巻き込まれたくないという気持ちにもなりますね。

門田　そうして自己規制を生んでいくことになるわけです。

花田　門田さんが指摘されたように、名誉毀損の賠償額がものすごく上がっているんです。『週刊現代』などの報道で講談社が相撲協会に訴えられ、裁判に負けて四三〇〇万円取られましたね。私が『週刊文春』の編集長時代はせいぜい一〇〇万円くらいですよ。私が裁判に負けた件では二〇〇万円、五〇万円ですから、ものすごく賠償額が高くなっているのです。

四三〇〇万円も賠償金を取られるとなれば、一冊四〇〇円くらいの週刊誌をどれだけ売らなければならないのかという話になります。すると編集長もそういうリスクを多少なりとも考えるでしょうし、社の上層部も少しおとなしくしろよという話になりますよ。事実、現在、『週刊文春』『週刊新潮』以外は、調査報道というのがめっきり減っています。

門田　しかもあれは結局、『週刊現代』が正しかったわけです。裁判が決着した後、二〇一一年には大相撲で八百長が行われていたことが発覚し、春場所の開催が中止になりましたからね。しかしそれを果敢に告発した講談社、『週刊現代』はその前に訴訟に負けて四三〇〇万円をすでに払わされています。

それが現実です。裁判所の力量の問題もありますが、真実をジャーナリストが追及していくことがこの国では非常に難しくなっている。正義感と責任感だけでやれるものではすでになくなってきていると思います。

しかも今回、朝日新聞という日本有数の言論機関が、真実を追及するジャーナリズムを踏みにじる側に立ってしまっている。日本の言論空間のしんどさは、相当なものがあります。櫻井さんは訴えられても突き進んでいきますが（笑）、櫻井さんみたいな人は少ないですからね。

櫻井　逃げるわけにはいきませんし、萎縮してしまうわけにもいかない。やるしかない。断固として自分の立場は崩さないようにすることですね。

門田　花田さんも頑張って欲しいですね。

花田　飛鳥新社と小川さんの裁判というだけでなく、日本の言論の自由を守るための戦いという意識でやっていこうと思います。

ストレートニュースをねじ曲げている

櫻井　朝日の訴状の論理のすり替えについて、根拠となる報道、見出しを挙げてきましたが、林先生はどうお感じになりますか。

林　先ほどから皆さんが憤ってらっしゃることはメディア関係者ではない一個人の私からすれば、マスメディア一般に言える部分があるのではないかと思います。

例えば私が新聞や週刊誌に取材を受けたときに、一時間にわたって一所懸命にお話ししたことが、全然違う形で書かれていることは結構あるのです。結局は私が話したコメントですら、それを書く人の主観で構成されて、記事になります。それについて「名誉毀損だ」「事実に反する」「私はこんなことは言っていない」といちいち訴えるかというと訴えられません。そのような記事は多数あるでしょう。

それでも、私たち個人がニュースを見るときは朝日新聞の記事であったり、テレビの報道であったり、いったんマスメディアの方たちのフィルターを通したものしか見ることができません。

いま、国会中継や記者会見などを直接個人がインターネットで見られるようになって初めて、例えば加戸前愛媛県知事の証言の全体にやっと触れることができます。が、テレビだけしか見ていない、特定の新聞しか読んでいない人には、自分の見ているものが「誰かの主観によって切り取られたものである」ことがいまだにわからないのです。そのようなマスメディアのあり方を悪用したのが今回の訴訟のような気がします。民主主義の観点から言えば、事実報道と新聞社の意見は分けて書いてほしいですね。

櫻井　まさにそうあるべきなのですよ。社説や論評のスペースでは、朝日の意見はこうなのだということを言ってもいいのですが、一般の記事の中では読者に対してバランスの取れた情報を伝えることがメディアの基本的な役割です。

門田　それが本質で当たり前のことなのです。新聞にはファクト（事実）を伝えるストレートニュースの部分と論評部分があります。論評部分ではいくらでも自社の主張をすればいい。イデオロギーに基づいても、何に基づいてもいいですから、主張すればいいのです。しかし、朝日はその主張に都合がよいようにストレートニュースをねじ曲げています。朝日の社内では、それが「角度をつける」という隠語で語られてきました。吉田調書問題はまさにそうでしたし、今回の森友・加計問題もそうですよ。

　訴状を読んで目が点になったように、朝日は「安倍晋三首相が関与したとは報じていない」と言っています。しかし、先ほどから述べているように、「首相の関与」に向かってストレートニュースの取捨選択も見出しも曲げられているわけです。それが朝日のやり方なのですよ。これは国民にとって、ものすごく大きな不幸だと思います。

林　署名記事も少ないですよね。そして署名記事であっても見出しの部分は「自分が書いたわけじゃない」と記者はおっしゃる。

門田　新聞では見出しは整理部が付けますからね。

今後、林先生が取材をお受けになる場合は、面倒くさいでしょうが、「私の談話部分についてはチェックさせてください」と言ったほうがよいですね。これは被取材者の権利で、問題は何もないので、いちいちそうしたほうがいいです。

花田　私なんかは取材を受ける条件として必ずそうしています。ただ、ある件で『週刊新潮』の取材を受けたとき、コメントはその通り載ったものの、その後に、「にわかに信じがたい話だが」と書かれましたから油断はできませんけどね（笑）。よほどクレームをつけようと思ったけれど若い記者だったし、どうせデスクあたりがつけたとわかるので、敢えて電話しませんでした。

置いてけぼりを喰らった朝日

櫻井　民主主義を守るために言論人の私たちがしっかりしないといけません。メディアが元気がなくなって、意欲を失えば、社会はどんどん濁っていくと思います。

新聞や地上派のテレビ局で、不満足なニュースしか伝えない現状を見ていて思うのは、インターネットの力がすごいということです。先ほど門田さんが言われたように、安倍首相はインターネットがなければ生き残れなかったと思います。

門田　インターネット時代を象徴することがあります。二〇一八年一月一四日の産経新聞に書きましたが、各種世論調査で、二九歳以下の若者の半分近くが「比例投票先」として自民党に投票していたことが明らかになったということです。全世代の中で若年層が安倍政権の支持基盤になっていることが浮き彫りになったのです。

その記事で、私は次のようにも書きました。

〈現在が「左右対立の時代」ではなく、「観念論と現実論」との闘いの時代と評してきた。左と右、リベラルと保守——いまだにそんな古い価値基準にとらわれている人が多いことに、違和感を覚える。昨夏、読売がこの点について興味深い記事を掲載した。早稲田大学現代政治経済研究所との共同調査で、若者が、リベラルとは「自民党や日本維新の会」であり、保守とは「公明党や共産党」であるという認識を持っていることをリポートしたのだ（8月11日付）。

安倍政権がアベノミクスや〝地球儀を俯瞰（ふかん）する外交〟を展開し、日本維新の会が大阪都構想に挑戦するなど変革を目指しているのに対して、旧来の体質のままの公明党や共産党が「保守勢力である」という斬新（ざんしん）な考えを持つ若者たちについて初めて言及したのだ。国内外のさまざまな現実に対応していこうという人々と、イデオロギーに固執して現実を見ようとしない理想論、すなわち観念に縛（しば）られた人々との意識の差について考えさせられる記事だった〉（産経新聞、二〇一八年一月一四日）

インターネットが浸透し、若者が現実を知って、インターネットを見ていない人達との差がどんどん開いているのを感じます。

林　リアルタイムで個人が発信できることが非常に意味を持っていると思います。私もお茶の間のテレビの前でぶつぶつ言っているだけでしたが、いまでは自分が発信できるようになっているのですからね。

門田　情報発信ツールを個人が持つようになったということですね。ですから私はいまの時代を「情報ビッグバン」と言っています。この情報ビッグバンのおかげで現実政党が力をつけるようになったということです。

普通に考えて「リベラル」といえば、立憲民主党か民進党かだと思いますが、若者は違う。現実政党と観念政党という区分けで見ているわけです。

櫻井　世の中、変わってきていますね。安倍総理は保守の政治家だと言われますが、安倍さんが行ってきた政策はリベラルなものも多いのです。国政では「女性活躍」や「人づくり革命」など、外交では「地球儀を俯瞰する外交」や領土問題が残るロシアとの積極的外交を行っています。リベラル的政策で安倍政権がどんどん先を行って、リベラルと思われていた朝日新聞が置いてけぼりを喰らっている。

門田 保守新聞になっている（笑）。

櫻井 しかも朝日は頑迷固陋《ころう》の保守で、加計学園問題では「岩盤規制を守る側」に事実上、立った。世の中が大きく変わっていることに彼らは気づいていない。でも、私たちはその変化をひしひしと肌感覚で感じています。

私たちは何をなすべきか。とにかく事実を伝えたいということです。哀しいことですが、いまやファクトを出すことができるのは地上波でもなく、朝日新聞でもなく、インターネットになったきらいがある。

門田 玉石混淆ですけれどもね。

櫻井 玉石混淆であることは私も認めますが、しかしファクトを伝えることもできる。

門田 国民が既存メディアからインターネットにシフトしてしてきているとひしひしと感じます。地上派のテレビ番組を見ていても知りたいことや重要なことは何もわからないから、テレビをつけるのであればBSを見る。そうでなければインターネットを見ます。

櫻井 ファクトを知ることができるメディアを作る。日本をそういう方向に引っ張っていかなければならないと思います。
私は昨一七年あたりから、同志の仲間と共に始めた「言論テレビ」（編集註／本書の元になったインターネット番組）を主宰してきたことは本当によかったと思い始めました。朝日新聞が無視した加戸さんたちを「言論テレビ」に招いて、その証言を広く伝えることができ、自信を持ちました（編集註／三章、四章に収録）。
門田　櫻井さんと加戸さんの一対一の対話ですから、説得力がありましたね。
櫻井　加戸さんという方は、明快で、包み隠すことがないですから、お話をお聞きして加計問題の全体像がよくわかりました。
日本をリードしてきたメディアが総崩れになるかもしれない。その局面に私たちは直面しています。その中で日本をよりよい方向に引っ張るエネルギーを生み出していかなければいけません。そのために頑張りましょう。
花田　私は雑誌ジャーナリズムを守るために頑張ります。
櫻井　花田さんはなんとしてもこの裁判に勝たないとね。林先生、勝つためのアドバイスをお願いします（笑）。
林　戦略的に戦ってください。訴訟負担がすごく大きいと思いますが、民事訴訟は弁論主義といって自ら戦わないと負けてしまいますので、頑張ってください。

櫻井　日本は言論の自由を阻害する訴訟を起こさせないために、もっと反訴権を行使すべきかもしれません。その損害賠償額もより高額にする必要があるかもしれませんね。

門田　今回の訴訟は、スラップ訴訟として反訴することがものすごく大きいと思います。

林　実際に新聞にこの本の広告を出せなくなっているという事実がありますからね。

門田　そうです。マスコミ的にも関心を呼びますし、日本の民主主義に関わる大きな裁判になりますから、反訴すべきだと思います。

櫻井　言論機関が言論でディベートをすることなく、いきなりこのような裁判に訴えるというのはものすごく不当だと思います。その不当な新聞社の新聞を読むことをやめていくということも一つの選択肢だと思います。

読者である国民が、日本の未来を選択していくためのその土台として、必要な情報を提供しているのはどの新聞なのかということを考えたいですね。

（二〇一八年一月一九日放送）

第3章

「報道しない自由」を行使されて

加戸守行×櫻井よしこ

加戸守行（かと・もりゆき）

前愛媛県知事。1934（昭和9）年旧関東州大連市で生まれる。57年東京大学法学部卒業、文部省入省。66年から68年まで文部省著作権課課長補佐として著作権法全面改正作業に従事。文化庁次長、文部省体育局長、教育助成局長を歴任し、88年に文部省大臣官房長。その後、学校共済組合理事長、日本芸術文化振興会理事長。日本音楽著作権協会理事長など歴任し、99年から愛媛県知事に就任、3期にわたり務めた。著書に著作権を学ぶものの必読書『著作権法逐条講義』（著作権情報センター）、『我が流儀は「加戸流」』、『加戸流昭和歌謡抄』など。

安倍総理に五回もはねられた

櫻井　マスコミが事実を伝えないことによっていったい何が起きているのか。獣医学部の新設に関する愛媛県今治市の加計学園問題は、前川喜平前文科事務次官の言うように、本当に「加計学園ありき」でやってきたのか。この問題の当事者中の当事者である前愛媛県知事、加戸守行さんにお伺いします。

加戸さんは、二〇一七（平成二九）年七月一〇日、二四日、二五日と三回も国会閉会中審査に出られましたが、お疲れにはなりませんでしたか。

加戸　安倍総理の濡れ衣を晴らさなければならないという思いですから、気持ちも高ぶって緊張感があるので、疲れはそんなに感じませんね。

櫻井　加戸さんは一九九九（平成一一）年に知事になられて以降、約一〇年間、ずっと獣医学部新設問題の当事者であったわけです。実際に、何が起こっていたのかをお伺いしたい。

加戸　獣医学部を愛媛県今治市に誘致しようと考えたのは、今治市で進んでいた新都市開発事業を進め、獣医師不足の現状を解消したいという思いからです。

私が知事に就任して最初に取り組んだのが、今治市の新都市開発事業で学園都市構想を進めるということでした。地元の大学を誘致しようとしましたが失敗し、予定地

櫻井よしこ

は空き地のままで、学園都市構想が宙に浮いてしまったという状況がありました。

また、私が知事に就任してから間もなく、二〇〇〇年初頭には鳥インフルエンザが発生しました。アメリカでは牛海綿状脳症（狂牛病、BSE）が猛威を振るっていたときです。その鳥インフルエンザの検査が必要だという問題があった。また、私の知事時代の後半、二〇一〇年には宮崎で口蹄疫が発生したため、それを四国には上陸させせない対策をとることが喫緊の課題でした。

そのような状況であるにもかかわらず、愛媛県には公務員獣医師が足りず、獣医師総動員となり、検疫態勢に苦労したわけです。本来、地方公務員は試験で採用しなくてはなりませんが、それを免除してもいいから公務員

加戸守行

獣医師として愛媛県に来てくださいという状態でした。つまり畜産業における獣医師の必要性や検疫体制の強化が迫られる状況だったということです。

にもかかわらず、四国には畜産獣医師が決定的に不足していました。二〇〇七年の農林水産省の調査でも、四国地域は獣医師が最も少なく、全国の獣医師のわずか二・四％しか四国四県で活動していない状況でした。

そういう状況の中で愛媛県に獣医学部が欲しいと思いました。学園都市構想の推進と畜産獣医師不足の解消を実現できれば、まさに一石二鳥と考えたのです。

さらに二〇〇七年には、当時、私の指南役であった、アメリカに留学してジョージタウン大学で六年間客員教授をされた獣医学の専門家が、「アメリカは狂牛病以来、とにかく国を挙げて獣医学部の充実を図り、新しい分野の取り組みも始めている」と教えてくれた。日本も遅れてはいけないというわけです。

そこで先の「一石二鳥」に加え、今治に国際的に通用する先端科学を盛り込んだ獣医学部を作ることができれば〝一石三鳥〟だと考え、文部科学省へ話を持って行きました。文科省は私の出身官庁ですから、話は簡単かと思っていたのですが、非常に厚い壁に阻まれてはね返されました。

この壁を突破するために、二〇〇七（平成一九）年、愛媛県と今治市が共同で、当時の福田康夫内閣にあった構造改革特区に申請したわけです。

しかし、話を進めようとすればするほど、厚い壁に当たりました。獣医師会という既得権益、擁護団体の強力な働きがあり、文科省も逃げる、農水省も逃げる。獣医師会が「うん」と言わなければ何も動かない。まさに岩盤に阻まれながら、特区に延べ一五回申請しましたが、一五戦全敗だったのです。

そうした中で二〇一三（平成二五）年、第二次安倍晋三内閣の二年目に国家戦略特区法ができた。国家戦略特区で新しい規制緩和を行おうというわけです。

櫻井　安倍さんは二〇〇六年に総理大臣になって一年でお辞めになった。その後、福田康夫さん、麻生太郎さんを経て二〇〇九年、民主党に政権交代しましたが、民主党に勝って二〇一二年一二月に安倍さんが復帰しました。その安倍内閣の二年目、二〇一三年に国家戦略特区法ができて、今治市はこれを利用しようということになったわけですね。

加戸　そうです。国家戦略特区の第一号は二〇一四（平成二六）年の新潟市の獣医学部構想で、今治市は二〇一五（平成二七）年に第二号の名乗りをあげました。

櫻井　なるほど。そうしますと、いま前川喜平さんや野党だけでなく、多くのマスコミも「加計学園ありき」だったと報道していますが、一番最初、国家戦略特区で取り上げられたのは……。

加戸　新潟市ですよ。新潟が獣医学部を作りたいということで検討が始まったのです。

櫻井　新潟市がまず国家戦略特区に申請した。今治市は構造改革特区で一五回も申請をしたけれども駄目だったので、安倍内閣の下でできた国家戦略特区という新しい仕組みに移ったということですか。

加戸　そうです。新潟市の構想が出た後に、どうもあちらのほうがやってくれそうだということで、今治市は構造改革特区と同時並行で国家戦略特区に名乗りを上げたのです。だから獣医学部の構想を国家戦略特区へ持っていったのは、今治が二番目です。今治市の後に京都が続きました。
　しかも安倍内閣には構造改革特区で、一五回のうちの五回もはねられているのですよ。

櫻井　安倍さん、五回も今治をはねたのですか。お友達に便宜をはかるような首相だったら、そんなことはあり得ないはずですね。

加戸　そうです。今治市は同時並行で構造改革特区でも申請していましたから、そこで五回もはねられました。

動きが素速くタイミングもいい

櫻井　国家戦略特区では審査を経て、結果的には二〇一五年一二月、ようやく今治市は特区認定を受けることができた。これを受けて加計学園側も「岡山理科大学今治キャンパス」として文科省に獣医学部の設置を申請しました。しかし、その間、国家戦略特区でも非常に強固な岩盤があったのでしょう。

加戸　国家戦略特区諮問会議には民間の有識者の方々が委員として参画されていて、彼らは獣医学部を自由に作らせようと作業を始めましたが、獣医師会が強烈な反対をしました。かつて宅配便の規制緩和をめぐって、ヤマト運輸が旧運輸省（現国土交通省）、旧郵政省（現総務省）と対立したときのような岩盤です。獣医学部に関する規制はそのくらい堅いものでした。

櫻井 日本獣医師会の顧問に北村直人さん（元自民党衆院議員）がいますね。

加戸 北村さんはなかなか実力者でいらっしゃいまして、私が二〇〇七年に文科省へ話を持っていったら、二カ月後には獣医師会から「大学獣医学部の入学定員は増やしてはいけない」との決議文がボーンと出ました。

さらに、構造改革特区の申請を麻生太郎内閣にした際には、すぐに東京から日本大学総長の酒井健夫《たけお》氏と一緒に愛媛の知事室に飛んでこられて「特区申請を取り下げてほしい」と迫ったのです。

あらゆることで「北村さんがすべての主役を演じておられるのかな」と感じました。

櫻井 なるほど。北村さんをはじめとする日本獣医師会の方たちが、いつも壁となって立ち塞がった。

加戸 しかも動きが素速いのです。

たとえば、構造改革特区に申請しても自民党政権では動かずに駄目でしたが、民主党に政権交代をして鳩山由紀夫内閣になりました。するといままで対応不可とけんもほろろだったのが、二〇〇九年度の新設提案に対して「実現に向けて検討」と獣医学部構想がランクアップしたわけです。

櫻井 自民党時代は門前払いだった獣医学部の新設が、民主党政権になったら前向きに受けとめられて、進みはじめたのですか。

加戸 そう。これには民主党議員の方々の働きかけがありました。獣医師の定員増や獣医師数や獣医学部のある学校が東日本に偏っているという偏在問題も、民主党の議員が国会等で質疑してくれていたのです。

よかったなと思っていたら、これは後からわかったことですが、すぐその二週間後に、民主党獣医師議員連盟が結成され、六八名が加入したのです。愛媛で獣医学部新設に一所懸命に頑張ってくれた人は獣医師議員連盟に入らないでオブザーバーになりましたけれども。すると急に、また民主党の下でもブレーキがかかってしまいました。

櫻井 なるほど、獣医学部新設が進みそうになると、今までなかった獣医師議員連盟ができて、ブレーキがかかりはじめた。それまで力を持っていた自民党獣医師議員連盟に代わり、民主党にも議員連盟を作ったことで、引き続き獣医師会が力を持った。

加戸　そうです。そして、自民党政権に戻ったら、また自民党の獣医師議員連盟が力を発揮したということです。こういう動きを見ると、北村さんという方は、力学の法則をよく心得て、しかもタイミングよく動かれる人だなと。

櫻井　どういうところがタイミングがいいとお感じになりましたか？

加戸　先ほどお話ししましたが、構造改革特区に申請する前、二〇〇七（平成一九）年に私が文科省に話を持って行ったときには、その情報がすぐ向こうに流れる。それで反対の動きが始まるわけです。麻生内閣の時に申請に行ったら途端に東京から飛んで来て駄目だというし、民主党がいい返事を出したら途端に民主党に獣医師議員連盟ができる。

櫻井　北村さんにしても、日本獣医師会の会長である藏内勇夫さんにしても、政治の世界の人脈を豊富に持ってらっしゃいます。藏内さんは福岡の県議会議員で、麻生太郎さんとも親しいと言われていますね。そして北村さんは元々自民党の議員だった。

加戸　北村さんは獣医師で、北海道選出の国会議員になられた。自民党から小沢一郎さんたちのグループである新生党、そして新進党に行かれて、それが解散したらまた自民党に戻ってこられた。だから自民党でも民主党でもなんでも、獣医師のためになるところへ一所懸命働きかける。

櫻井　政治力を発揮して、獣医学部新設の運動が起きたら、さっと行って止めてしまうということですね。このような政治力学の枠の中で獣医学部は五二年間も新設されなかった。

一カ月以内に「石破4条件」

加戸　なかなか頑強なハードルを作って、新規参入をしにくくするという功労者はこの北村直人さんです。新潟市が獣医学部構想を申請しているときは、あまり動きがなかったのですが、次に今治市が二〇一五年六月四日に国家戦略特区に名乗りを上げると、すぐその後に「石破4条件」というものができました。

櫻井　「石破4条件」ができたのは二〇一五年六月三〇日でしたね。

石破茂氏が地方創生担当相だった当時に安倍内閣で閣議決定された「日本再興戦略」に盛り込まれています。獣医学部新設に関する「石破4条件」は新しく獣医学部を創ることをほぼ不可能にするものとされ、具体的には次のような内容です。

（1）現在の提案主体による既存の獣医師養成でない構想が具体化

（2）ライフサイエンスなどの獣医師が新たに対応すべき分野における具体的な需要が明らか

（3）既存の大学・学部では対応が困難な場合
（4）近年の獣医師の需要の動向も考慮しつつ、全国的見地から本年度内に検討
（二〇一七年七月一八日、産経新聞）

加戸 しかもその「石破4条件」は今治市が名乗りを上げて三週間後にできました。

櫻井 二〇一五年六月四日に今治市が名乗りを上げて、その後、同じ月の三〇日に「石破4条件」を含む「日本再興戦略」が決定されました。一カ月以内にこんな迅速な活動ができるのは、獣医師会が能力ある人々の集団だということです。その意味では感心します。

加戸 獣医師会の議事録は、これで参入は困難、大丈夫だという趣旨で書かれています。

櫻井 仰るとおり、獣医師会の理事会の会議報告には、日本獣医師政治連盟の活動報告として、北村委員長の次の発言が書かれています。

〈昨日、藏内会長とともに石破茂地方創生大臣と2時間にわたり意見交換をする機会を得た。その際、大臣から今回の成長戦略における大学、学部の新設の条件については、大変苦慮したが、練りに練って誰がどのような形でも現実的に参入は困難という文言にした旨お聞きした〉（「平成二七年度第四回理事会［平成二七年九月一〇日］」の開催

会議報告」）

「誰がどのような形でも現実的に参入は困難という文言にした」とは、凄い表現です。絶対に岩盤規制は守り抜くぞ、獣医学部新設は絶対に許さないぞと言っているわけです。しかもこれが獣医師会の公式な議事録に書かれている。

加戸　アメリカはロビー活動が盛んだというのは聞いていますけれども、日本でもこんなにロビー活動の立派な団体があるのだなと。さすが、既得権を守るためには手段も選ばずという感じがしました。

櫻井　そうすると、北村さんがこの獣医学部新設を阻む絵を描いた人と見ていいですか。

加戸　私はそう、いま理解しています。

火付けは北村さん、のろしは前川さん

櫻井　なるほど。絵を描いた人がいれば、それに色付けをしたりする方もいたりするわけですが、その後どのように進んだと実感していらっしゃいますか。

加戸　私はこの問題の発端は、こういうことだと思っています。

二〇〇七年に戻りますが、まだ特区申請を行う前、私が文科省に持ち込んでいった

時に、加計学園の加計孝太郎理事長が獣医師会に仁義を切りに行きました。「今度、獣医学部を作ります」という挨拶に行って、北村さんに会われたわけです。そこで北村さんが、「誰か政治家で知り合いか、友達はいるのか」と聞いた。そこで加計理事長は「安倍晋三さんです」と言ったわけです。

櫻井　安倍さんが学生の頃から加計さんを知っていることは広く知られることになりました。

加戸　これは第一次安倍内閣の時のことです。加計さんも言わなくていいのにそんな余計なことを言ったわけです。すると、一〇年後、北村さんが安倍総理と加計さんがゴルフをしている写真を文科省に持ち込んだ。そして「安倍総理と獣医学部新設を申請している加計理事長はこんな関係だから〝加計には気をつけろ〟」というようなことを文科省に忠告したのです。

ですから、火付け役はどうも北村さんですが、それによって前川喜平参考人は、おそらく「安倍さんと加計理事長はそんなずぶずぶの関係なのか」という先行イメージを持った。文科省は国家戦略特区で内閣府に、例えば〝虎の威を借る狐〟のような言葉で「総理や官邸からの猛プッシュがあるのだから」という話を出され、獣医学部新設を認めろと押し込まれてきたのでしょう。そうして「これは安倍総理が友達のためにやったのに違いない」という先入観を前川参考人は持ったのではないか。だから一所懸命に動き始めた、のろしを上げたのではないかと私は見ています。

櫻井 そこに野党が乗ったわけですか。

加戸 そうですね。「怪文書」か「メモ」かわかりませんけれども、文書が出てきたというので、鬼の首を取ったような騒ぎになった。言った言わないの次元の低い話で、言葉の正確性というのが問題になっているわけではありません。

この件の本質は、何も「加計のため」ではないということ。獣医学部新設の壁を取り払おうとしたのが国家戦略特区で、そのおかげで今治にとってみれば一五戦全敗だったものがやっと白星があげられそうかな、となった。それが「安倍総理と加計学園の理事長が友達だから」というような別の話になってしまいました。

櫻井 マスコミもこぞって「加計ありき」という報道をしていますが、いまの新潟、今治、京都、という順番で考えると、全くそうではなかったとわかります。

加戸 国家戦略特区にとってはそうですね。

ただ、愛媛県と今治市にとってみれば一〇年以上前から「加計ありき」です。「加計」しか話がなかったのです。獣医学部を新設したいと言っても、それをやると言ってくれたのは加計学園だけでした。加計以外のどこでもいいけれども、どこも引き受けてくれない。私にとっては、愛媛県にとっては、「加計ありき」ですね。

他方、総理や他の誰かにとっては「加計ありき」ではないですよ。総理はたぶん、ご存じなかったと思います。

「獣医砦」に閉じこもった文科省

櫻井　獣医学部新設にあたり、加計学園や今治市側はその内容をどんどんいいものに積み上げていきました。どのような苦労をされましたか。

加戸　私が非常に憤慨したのは、既存の獣医学部は定員を水増ししていることです。例えば私学の場合、五〇人前後の教員で一二〇人程度の入学定員を設けていますが、新設はいけないと言いながら、水増し入学で一四〇人、一五〇人もの学生を入れている。

櫻井　現在、獣医学部は全国一六の大学にあります。一六合わせて総合定員は九三〇人ですが、それを水増しして実際には一二〇〇人、一三〇〇人も入学させているのが現実ですね。

加戸　文科省が私学補助金をカットするぞと言ったら、水増し率が少し下がりましたけれども。

そして私が見る限り、既存の獣医学部は全然、新しいライフサイエンスや感染症などの教訓を取り入れているわけではありません。いままで通りのことをやっている。にもかかわらず、新しいものは駄目というのはおかしいわけです。我々は感染症の教員、先端ライフサイエンスの教員、動物実験を用いた創薬の教員など、いろんな形での教員数を揃えようとしているのに、それでも駄目だというので、私は文科省の後輩に毒づいたのですよ。

例えば国家試験の受験資格が四年制から六年制になったのは獣医学部と薬学部です。しかし、薬学部の方は六〇〇〇人の入学定員だったものが、いまや一二〇〇〇人と倍増している。新しい薬学部は二七もできています。一方、獣医学部は〝びた一文〟増やすことまかりならんというわけです。

なぜこんなに差をつけるのかわからない。同じ国家試験で同じ六年制で薬学部は山のように増やして、獣医学部は絶対に新設させないという感覚は私たちには理解ができません。

「もう少し時代の進展を考えろよ」と、後輩には言っていました。「加戸守行だからまだこれですんでいるんだぞ、もし愛媛県知事が橋下徹さんならば、文科省は解体しろと言われているぞ」と冗談まで言ったくらいですね。

櫻井　そういう会話を後輩の文科省の役人たちとなさって、後輩たちはどう反応しましたか。

加戸　彼らは日本獣医師会、あるいは獣医師議員連盟などのいろんなプレッシャーでがんじがらめにされていた。本当に岩盤のような「獣医砦」に閉じこもっていました。

櫻井　どうして文科省は、そんなガチガチの岩盤規制を、獣医師会に限って行うのか。これは天下りと関係があると国家戦略特区ワーキンググループの原英史さんが指摘していました。前川喜平さんは否定していますが、私も天下りと密接に関係しているのではないかと思います。強い岩盤規制を文科省が守ってあげる。守ってあげる代わりに天下りを受け入れてもらう。受け入れてもらえれば、その受け入れ先を守ってあげる気持ちがもっと強くなるわけで、お互いに利益が一致して手を結ぶ構図が見てとれるわけです。

そうしてできたこの岩盤規制のために、獣医学部の分野で、アメリカなどと比べると日本は非常に遅れてしまっている。それを打ち破るために、安倍さんが国家戦略特区を作った。この国家戦略特区に加戸さんは特別な感謝の思いを抱いていると伺いました。

加戸　結局、文科省の力ではできなかったことを、国家戦略特区というシステムでやっとできたわけです。構造改革特区でも、安倍総理は本部長なのにほとんど何も知らされないで、文科省が「駄目です」とつれない返事を農水省と相談して出してきていた。しかし、国家戦略特区は民間の有識者委員が入って、岩盤規制を取り払おうという志に燃えた方の合議制でできている。だから、やっと岩盤を突破できたんだろうと思います。

櫻井　お役所だけで固めない。外からきちんとした考え方を持った民間の専門家を入れたことが非常に大きい。

加戸　それが成功の元だと私は見ています。民間の有識者が岩盤を取り払おうというから、内閣府もやりましょうと言って燃えた。文科省は動かないから、場合によっては〝虎の威を借る狐〟のような言葉を使いながら文科省の尻を叩いていって岩盤を開けさせた。

だから私はよく冗談で言うのですが、アメリカを見てみろ、州にぼんぼん獣医学部ができていると。私は愛媛県知事時代は道州制推進論者でしたから、「もし四国州ができたら、日本を離れてアメリカの五一番目の州になるよ、そうすると『四国州立獣医学部』ができるよ」と冗談を言っていたのです。

櫻井　ハッハッハ。

加戸　そのような中で、アメリカがやっていることを日本はなぜできないのか、世界を見ろ、恥ずかしいと思わないのかと、言ってくれたのが民間の有識者です。

テレビで報道をしなかったけれども、国家戦略特区ワーキンググループの座長である八田達夫さんや、原英史委員らが六月一三日に内閣府で記者会見した様子をユーチューブで見て、私は感激しました。この人たちが、今治の獣医学部の門を開いてくれたのかという意味で感激したのです。国会でもそれを言いました。テレビは信用ならないけどユーチューブは感激しました。

櫻井　テレビは信用できなくても、インターネットで配信する「言論テレビ」は信用できます（笑）。

ゲスの勘繰り

櫻井　そもそも国家戦略特区が岩盤規制を打ち破ることについては、最初はよいことだとメディアは捉えていたはずなのに、これがいつの間にか逆さまになってしまいました。そして安倍さんが、非常に依怙贔屓をする悪い人だという「印象」が流布されてしまったわけですが、安倍さんと加戸さんの関係はどのようなものですか。

加戸　二〇〇一年二月、私が愛媛県知事の時にアメリカのハワイ・オアフ島沖で、えひめ丸事故が起こりました。宇和島水産高校の漁業実習船えひめ丸と米原子力潜水艦グリーンビルが衝突するという事故で、えひめ丸は沈没し、九人もが犠牲になりました。その時に森喜朗総理に様々にご配慮いただいたのですが、当時の危機管理担当の官房副長官が、いまの安倍総理だったのです。だからいろんな面でお助けをいただいて、私にとっては恩人です。それ以来、あらゆる場でもお会いさせていただきました。

また教育再生実行会議が二〇一三年一月に閣議決定されてできた時には、私だけを特に指名して入れていただきました。ですから、当時、月に一、二回は総理官邸に行って、安倍総理の顔を拝見しながらそこで発言をさせていただくのが楽しみでした。安倍総理と私の二人の間での共通の連帯感は、この北朝鮮の拉致被害者を救う運動のブルーリボンバッジ。

櫻井　ブルーリボンバッジを加戸さんもつけておられる。

加戸　その場でブルーリボンバッジをつけているのは、私と安倍総理だけで、他の人は誰もつけていません。

そのような共通感を持っていて、何十回も顔を合わせながら、本当に安倍総理は加計学園の「か」の字もおっしゃったことがない。私も今治の獣医学部を推進する立場だけれども、加計学園の「か」の字も言ったことはなくて、お互いに会話の中で加計は何も出ていないし、獣医学部の話も出ていない。

櫻井　二〇〇一年のえひめ丸の事故以来、加戸さんは安倍総理と何十回もお会いになった。その中で、安倍総理の口から一度も「加計学園」という名前が出たことはない。

加戸　ありません。

櫻井　それは世間で言われている印象とは違いますね。安倍さんが何かご自分のお友達の加計さんに便宜を図ろうとして推したという印象がメディアによってバラまかれているわけですが。

加戸　そうですね。

櫻井　実際にはそんなことはない。

加戸　まったくありません。私の知る、見る限りでは安倍総理は本当に「白さも白し富士の白雪」だと思っていますから。

　ただ、人間として言うと、本当に知らなかったからいいのであって、知っていて何もしないと冷たい人だったのだなと思いますけれどもね。

櫻井　だって今治の申請は、実際に五回も、安倍さんの下で却下されたわけでしょ。

加戸　そうです。はね返されていますからね。

国家戦略特区で民間委員が入ってプッシュを始めて、新潟市で作ろうよという話から、岩盤規制を取っ払おうよとなってきて、今治市が途中から参加した。その後、京都市が出てきた。どこでもいいから、獣医学部を作りましょうという話になったわけですが、そのことを安倍総理はご存じない。

ですから安倍総理が、加計学園の獣医学部新設計画について初めて知ったのは、加計学園が愛媛県今治市の国家戦略特区の事業者に決定した二〇一七年一月二〇日だとおっしゃったことについて、不自然だなどといろいろ言われていますが、それは本当だと思います。

櫻井　国会の閉会中審査で安倍さんは、共産党や民進党に加計学園の獣医学部新設計画について「知らないはずがないでしょう」と問い詰められていましたよね。香川出身の民進党代議士である玉木雄一郎さん（現希望の党代表）は、「総理が知っていたということが、何らかの形でわかったら、責任をとって辞任されますか」とまでおっしゃった。でも、実際にずっと安倍さんを見てこられた加戸さんは一七年一月二〇日まで知らなかったということは信じられると。

加戸　信じます。それを知らないはずがなかったというのはゲスの勘ぐりであって、自分だったらそう言うだろうなということなのでしょう。でも安倍総理は公私の別をわきまえて、腹心の友であっても、ゴルフもするし、酒も飲むけれども、仕事の話はしないと言っていました。そうだと思います。

ただ、事業を展開しているというような抽象的な話は聞いていると思いますよ。しかし、獣医学部や、今治という話はまったくなかったと私は思います。教育再生実行会議で私が安倍総理に聞かそうと思って、ちょっかいを出して話しても、全然関心がなさそうな顔をしていましたから。

「精神構造を疑う」

櫻井　そのことについて前川喜平さんがテレビ局の取材で話していた内容を、加戸さんから伺った記憶があります。加戸さんが教育再生実行会議のメンバーに安倍さんによって直接、推薦された。前川さんは、あるテレビ局、実はこれはＴＢＳなのですが、その取材で、教育再生実行会議のメンバーに選ばれたことに触れて、安倍総理が加戸さんを推薦した理由は「加戸氏に加計学園の獣医学部設置を教育再生実行会議の場で発言してもらうため」だと言ったという……。

加戸　国会でも話しましたが、その番組の取材に私は、「そんなことあるわけないだろう」と高笑いしたのですよ。そうしたら、前川氏の発言も含めて「報道しない自由」としてカットされたのです。

櫻井　「そんなことあるわけない」というのは、安倍さんが加戸さんに加計の獣医学部新設について発言してもらうために、教育再生実行会議のメンバーに直接、推したことなど、あるわけがないという意味ですね。

加戸　そうです。妄想もたくましいというか、私も信じられない話です。まず安倍総理がそんなことを言うような人であるはずがないということが一つ。さらに、加戸守行という、前川氏の先輩がそんなことで、「はい、左様でございますか」と言うわけがない。人間性を見て判断をしてくれよと。

櫻井　教育再生実行会議のメンバーは二〇人くらいいらしたでしょうか。それを前川さんは、ご自分が決めたともおっしゃっていました。

加戸　その時、彼は文科省の官房長でしたから、人選は自分がしたと言っています。そのときに総理から直接、一人だけ「加戸さんを入れろ」ときて何だろうと思ったと。もうご高齢の方なので、と彼は言っていましたね。だから、理由は加計の件しかないと思い込んだのでしょう。

しかし、思い込むのと、それをテレビで話すのは違う。しかも全国放送を前提としての取材で話すという神経が私には理解できなかった。ですから、もういい加減に「撃ち方やめ」にしたらどうかなという意味の牽制球で、国会で私は「想像を事実のように話している。精神構造を疑う」と言いました。私に質問をした青山繁晴議員に、前川参考人に弁明があるのなら聞いてくださいと言ったら、前川氏もうろたえたようで、「『総理に頼まれて（加戸さんが）その発言をした』と言った覚えはない。加戸先輩が事実を捏造するとは思わないから、誤解だ。チェックしていただければわかる」と言って終わりましたけれども。

櫻井　なるほど。加戸さんはこの教育再生実行会議の場で二度、四国での獣医学部新設を要請しています。それはなぜですか。

加戸　自分の知事の時代に獣医学部新設をはねられ、はねられで、一〇連敗くらいしているときに、安倍さんが総理に就任された。安倍総理が構造改革特区で本部長だったので、安倍総理は知らないだろうけれども、愛媛はこんなに困っているわけで、ちょっと目配り、気配りをしていただけませんかということです。

櫻井　愛媛への掩護射撃という意味ですね。

加戸　そうです。愛媛が困っているということを話しました。鳥インフルエンザ、狂牛病、口蹄疫に対応するための獣医師の必要性を説いた上で、岩盤規制があるので、安倍総理のお言葉を借りれば愛媛の小さいドリルでは岩盤に穴が開かないので、教育再生実行会議とは場違いかもしれないけれども、この場のドリルを借りて穴が開けられればということでした。大学入試改革というテーマだったので、少しは関係があるだろうから付属で提言してくれませんかと余分なことを言いました。

ただ、本題とは違うので、難しいことも私はわかっていました。だから、安倍総理に聞かせたくて言ったのですよ。でも、会議では、私は今治市とか加計学園とかの具体名を出していませんので、総理からは全然反応がなかった。その後もあいかわらず、駄目ということでしたから。

なぜ妄想を話すのか

櫻井　もしその時に、加計学園が獣医学部新設を考えているとご存じだったとしたら、または加計さんを推そうと、少しでも考えていたのなら、加戸さんがそのことをお話しになった時に、何らかの反応があるかもしれませんね。

加戸　あんなポーカーフェイスができるわけがありません。まったくご存じなかったと思います。

櫻井 そのことからも、さっきおっしゃった「白さも白し富士の白雪」が安倍さんの実態だとお感じになった。

加戸 でも、安倍総理はこれだけ濡れ衣を着せられています。その濡れ衣を着せる原因を作っているのが前川参考人です。だから、いい加減にせんかいな、あんたも酷いね、妄想たくましくて、想像だけでものを言ってはいかんよということで、国会で牽制球を投げたのです。

櫻井 後輩へのデタラメ封じの牽制球。

加戸 そうです。もう二度と言うなよという意味で、ですね。

櫻井 前川さんは、先輩の牽制球を受けとめるでしょうか?

加戸 どうでしょうかね。彼は毎回、国会に弁護士を同行させていますから。たぶん、あの委員会が終わった後、弁護士にどうしようかと相談されていると思いますけれども。

櫻井 加戸さんとしては、前川さんを後輩として高く評価もしているけれども、今回のことはやはりかなりおかしい、精神構造を疑うとまでおっしゃった。きつい批判ですが、確かにお話を伺うとおかしいですね。

加戸 おかしくなっていますね。私が官房総務課長の時に彼は三年生で、法令担当の係員でした。非常に有望株で、将来は文部省（現文部科学省）をしょって立つと思っていました。

国会の場でも言いましたが、私が愛媛県知事の時に、小泉内閣の三位一体改革で、義務教育費国庫負担制度の廃止を全国知事会に丸投げしてきたということがあった。その時に私は有志と語らって、十数人で反対をしたのですが、三分の一を割っていたものですから、多数決で押し切られたのです。その時に前川氏は、初等中等教育局の担当課長をしていましたが、「奇兵（喜平）隊、前へ！」というブログで大反対の論陣を張った。現役の課長が、小泉内閣の方針に公然と異を唱えた。そういう気骨のある男です。

私は彼が事務次官になった時に、文科省を支えてくれると一番喜んだ男なのです。その彼が、なにもかも総理に結びつけて、ゴルフの写真で「ずぶずぶだからやっているに違いない」なんて想像をたくましくしてものを言っている。

証言を聞いていると、自分の信頼する課長補佐はパーフェクトで、その人が書いたメモだから正しい、それを否定する萩生田光一官房副長官（当時、現自民党幹事長代行）がおかしいということを言っている。本人が否定をしているのに、それをメモした課長補佐が正しいと言っているのです。よくあれだけ思い込めるなと思っていたところへ、先ほどの教育再生実行会議の話です。正直言って呆れまして、なぜこんな立派な人物がそんな妄想を全国に向けて話せるのか私にはわからない。

櫻井　前川さんはあの国会の場で、加戸先輩が事実を捏造するはずがないから誤解ですとおっしゃったけれども、誤解ではない。

加戸　六界ですよ（笑）。

自分が描いた想像の世界

櫻井　なぜ前川さんは現役の事務次官の時に発言しないで、辞めてから問題だと言い出すのでしょうか。しかも二年前のことをなぜいま言うのですか。

加戸　国会で私は、「今回は霞が関の文化が感じられません」と言いました。

私も霞が関で仕事をした人間ですが、省庁間で議論をすると、激しいやり取りがあります。場合によっては〝虎の威を借る狐〟のような言葉を使いながら、ガンガンやりあう。しかし、結論が出た後は酒を酌み交わして、「あんたもキツい言葉を使ったね」などと言いながら、次なるステップへ向かって協力していく。これが霞が関の文化でした。

しかし今回は霞が関の文化が感じられない。

岩盤規制を取り払いたい内閣府と守りたい文科省との激しいつば競り合いはあったけれども、すでに結論が出て、文科大臣も了解した話です。前川氏や文科省には「押し切られた」という無念の思いがあったのでしょう。それがあのメモに残っているのでしょうし、部下の気持ちを労るという上司の気持ちも、私はわからないでもない。本当に悔しい、内閣府にやられたということから、これは「総理の意向」によるのではないかという疑念が湧いたのだろうと思います。でもそれは前川氏の思い込みです。

櫻井　前川氏は個人的な行動のいかがわしさというものを注意をされた。そして天下り問題などで辞めさせられた。その辺りの私怨も多少あるのでしょうか。

加戸　わかりません。ただ、なにかが彼の精神構造を変えたのだと思います。少なくとも先ほど述べた教育再生実行会議の架空の話を聞くと、どういう神経でこんな話が出てくるのだろうかと疑念が湧きます。これは萩生田官房副長官は嘘をついている、局長から聞いた話をメモをした課長補佐の言葉が一〇〇％正しい、ということと共通しているのです。自分が描いた想像の世界で生きている。いまは普通の精神状態ではないのではないでしょうか。精神鑑定を要すると、私は思います。

櫻井　ほほう、精神鑑定ですか。

加戸さんがおっしゃっている獣医学部新設に関する流れ、即ち新潟、今治、京都の順は「加計ありき」ではなかったということですが、そのことを新聞もテレビも、ワイドショーも、週刊誌もほとんど伝えない。伝えたのは産経などの、ごく一部のメディアに限られます。ご自身の国会での発言がＮＨＫのニュースでもほとんど伝えられないことについてはどう思われますか。

「報道しない自由」と印象操作

加戸　まず、私は七月一〇日の閉会中審査に参考人として出席しました。

櫻井　安倍首相はヨーロッパ訪問中でいらっしゃらなかった時ですね。

加戸　私はその日、参考人質疑の後、夜に飛行機で北イタリアに飛んだのですよ。一〇日間北イタリアのドロミテにいたのですが、日本に帰ってきたら、知人にこう言われた。

「加戸さん、日本ではあなたの発言を巡って『報道しない自由』というのが、ずいぶん大騒ぎになっているよ」と。「なに？」と聞いたのです。

するとどの新聞、どのテレビが、加戸参考人の発言を載せたか、マル、サンカク、バツで一覧表ができているのを見せられて、「へーっ」と驚きました。その時、私は「報道しない自由」という言葉を初めて知りました。

その後、国会の閉会中審査が予算委員会でありましたから、次のようなことを言いました。「報道しない自由」も有力な手段、印象操作も有力な手段。霞が関で三十数年生活し、私の知る限りいままで、メディア批判をして勝った官僚、政治家は誰一人いないだろうと思っているし、ここで何を申し上げても詮無いことかなと感じている。マスコミ自体が謙虚に受け止めていただくしかない、という言い方をしました。マスコミに自らの姿勢を正してもらうしかない、という意味です。

今回はたぶん「安倍叩き」です。私が教育再生実行会議で月に一回くらい官邸に行くと、いつも官邸の向かい側の国会議事堂前駅から「安倍やめろ」「安保反対」というシュプレヒコールがずっとあります。

櫻井　安保法制反対、憲法改正反対などですね。

加戸　ともかく反対。反対、反対、反対でした。そして予算委員会の参考人質疑が終わって出てきたら、お向かいの議員会館側で、「安倍やめろ、加計やめろ、安倍やめろ、加計やめろ」ですからね。

特定秘密保護法、安保法制、テロ等準備罪、憲法改正で安倍叩きが激しくなっていた。そういう馬の前に加計というニンジンがぶら下がってきたので、みんなパクッと食いついて、安倍叩きの大きな材料になった。これは使えると思って、マスコミも一所懸命乗っかっているのではないかなと、私は感じています。一定の意図を持った方向性だということが特に異常に感じます。

メディアの悪口を言うことはよくないですが、もう民間人だから言いますと、NHKは変わりましたね。籾井《もみい》勝人会長が退いた後、朝日、毎日より酷くなった気がします。

今にして思う「報道しない自由」

櫻井　もちろんNHKは、国会中継をしましたが、ニュースでは加戸さんのお話はほとんど報道しなかった。特に七月一〇日は酷かった。その後に産経新聞が、朝日新聞や毎日新聞、NHKは加戸さんの証言を報道せずに、一方的に前川さんの証言などの報道ばかりしているという記事を書いた。すると、これがインターネット、ソーシャルメディアで多くの人に広がったのです。日本のいわゆる主流と言われるメディアへの批判が起こって、ようやく少し報道をするようになりました。

しかし、それでも私はフェアではないと思うのです。政治家などで、メディアと戦って勝った人は一人もいないと加戸さんは指摘されました。加戸さんの長いキャリアの中で、実感を持っておっしゃったのですが、ご自身の例えば、二〇〇一年に起こったえひめ丸事故での体験はどのようなものでしたか。

加戸　よくぞ聞いていただきました。

先にも述べたように、実は安倍総理との出会いは安倍さんが危機管理担当の官房副長官時代で、その時の総理大臣は森喜朗さんでした。当時、森総理は、えひめ丸の事故が起きた時にゴルフに行っていたと報道されました。そのため、官邸に出てくるのが一時間だったか、二時間だったか遅くなったとメディアで叩かれた。その前に「日本は天皇を中心とする神の国」発言があったところに、さらに「森叩き」がエスカレートしました。

その「森叩き」で流れる映像は印象操作でした。二月一〇日に事故が起こったので、日本では真冬なのにもかかわらず、テレビで流されるのは夏の映像。伊豆の川奈カントリーでの夏の半袖姿で、森さんがショットして高笑いしているシーンが流されていました。同時に、えひめ丸沈没のシーンが流されているわけですから、映像を見ると遺族が遺体捜索で苦しんでいるのに森総理はゴルフで高笑いということになる。これが印象操作です。

事故が起きた時、森総理は登庁されてすぐに愛媛県知事である私に電話を入れてくださった。森先生は私を加戸ちゃんと呼ぶのですが、「加戸ちゃん、とにかく何でもやるから言ってくれよな」と連絡をくださったわけです。

　翌日、上京して総理官邸に行きました。森総理がまずその時におっしゃったのは、「しんかい6500」という有人潜水調査船のことです。えひめ丸の事故はハワイの沖であったので、「しんかい6500」は小笠原諸島で活動しているけれども、いま呼び戻している、すぐにスタンバイさせていつでもハワイに行けるような準備をしているからな、とおっしゃった。

　サルベージについても、日本は世界有数のサルベージ国だから、アメリカができなかったら引き上げは日本ができる。あらゆる役所に全部手を回しておいたから、愛媛の要望は全部かなえることができるというような話があった。

　さらに、その後、森総理は訪米された。ブッシュ大統領が着任二カ月くらいの時でいろんな懸案事項があったわけですが、その冒頭にえひめ丸の引き上げだけはぜひ頼むと言って頑張ってくださった。

　こういうことを、私は在職中にぶら下がりでも、愛媛県庁の記者会見でも何回も何回も言ったのですが、一行も報道するところがありませんでした。これが今にして思うと「報道しない自由」だったのだと今回、気がつきました。

ゴルフをして笑っている森総理の悪いイメージだけを流す。愛媛のために、えひめ丸のために森総理が最善を尽くしている姿は一切報じない。愛媛県知事が記者会見で話したことは一行も報道されない。日本というのは、恐ろしい国だなと、当時思いました。

今回も同じことが起きています。安倍総理と加計理事長のゴルフの写真や一緒にワインを飲んでいる写真が出る。セットで今治の工事が進んでいるとか、「加計ありき」という報道をして「これは怪しい」と書きたてる。私に取材したことは何も報道しない。話したことも書かない。

これは、「森総理と同じだな」と思いました。

櫻井　一所懸命に頑張って規制を打ち破った、ということは流さない。

ＮＨＫもＴＢＳ並み

加戸　あえて言わせていただくと、もう二カ月前になるでしょうか。先ほどＴＢＳの取材が話に出ました。そのＴＢＳの後に、ＮＨＫも来たのです。東京からカメラを担いで取材に来たのですよ。

ＮＨＫの取材内容は、「加戸さんは頼まれて教育再生実行会議であの獣医学部の話をしたのですか」というものです。「そんなことあるわけないだろう」と言ったら録画していますから別の話になる。すると、しばらくしたらまた同じことを聞く。また別の話をする。そうして四回も同じことを聞いた。

家内も、「しつこいわね、あのＮＨＫの人は」と言ったくらいです。結局、私の話は一切、報じませんでした。いろんなことを聞かれたけれども、私の談話は一切報道しない。

ＮＨＫもＴＢＳ並みになってきたなと思いましたね。

櫻井　ＮＨＫやＴＢＳという大手のメディアが取材はしたけれども報道しなかったという酷い実態がまずあります。また、印象操作という深刻な問題もある。森総理の時はメディアの印象操作があり、その後、支持率が下がって、結局、辞任されたわけです。

今回も森友・加計学園問題をメディアが報道し始めてから、安倍内閣の支持率は一〇ポイント以上、軒並み下がっているわけです（編集註／二〇一七年七月末時点）。

加戸さんは、安倍総理に対する濡れ衣を晴らしたいと冒頭でおっしゃったのですが、森さんの時からのご経験と重なって、そう思われたということでしょうか。

加戸　そうです。えひめ丸の事故は、まさに私が知事の時に起こっているわけです。

そして、愛媛県がオーナーである船が沈んで、愛媛県の県立水産高校の生徒が死亡しているのです。まさに私は一番の責任者でした。そしてあの事故の報道、印象操作と「報道しない自由」の行使によって森総理の支持率が一桁台まで低下してしまいました。

だから、いま既視感があります。

今回は、私が愛媛県知事の時に獣医学部新設の提案をした。しかも第一次安倍内閣の時に獣医学部新設の話を文科省に持ち込んだことが発端になっています。一〇年経ったいま、このことで安倍総理が、印象操作と「報道しない自由」で叩かれまくっている。その姿が、森総理の時と二重写しになっています。

二回も内閣支持率の大幅低下に〝貢献〟した加戸守行という汚名をこの世に残すことになっているわけで責任を感じます。しかし、やはりよく考えてみたら、私はたまたま当事者であり、確かに発端ではあるけれども、全部、メディアによって操作されている。しかも「報道しない自由」という〝素晴らしい〟権利行使によってこんな状況ができあがっている。何か恐ろしい感じがします。

櫻井　国民に対して事実を知らせることがメディアの責任であることを思えば、この状況は異常中の異常です。国民にできるだけ正しい情報を伝える。つまりニュースの全体像を伝えることなしには、国民はきちんと考えることができません。国民がきちんと考えることができなければ、そのような国民の意思に基づいて政策などが決められていく民主主義は機能しません。従っていま、メディアは日本の民主主義の土台を蝕んでいるわけです。

とりわけテレビは国から電波を割り当ててもらって、特権を享受している分、公平でなければならない。少なくとも両論をきちんと伝えることを義務化しなくてはいけない。放送法もそう定めています。

その放送法に見合った報道が行われているかどうか。例えば、いま加戸さんをお迎えしているこの「言論テレビ」でも項目表というものをつくります。何時何分に始まって、どのような項目をお伝えして、誰がどのようなコメントをして、どんな映像を作ったかを示しています。各局のニュース番組にこれを開示することを義務づける必要があるかもしれませんし、その他にもいろんなやり方があると思います。

いろいろやらなくてはならない課題が目白押しです。私も頑張ります。

突然ですが、加戸さんは八〇歳を超えられましたか。

加戸　間もなく八三歳ですけれども、生きているうちにメディアがもうちょっと正常な状態に戻っていただかないと、「美しい国」は実現しませんね。安倍総理の目指した「美しい国」を歪めているのはマスメディアだと私は思います。メディアは最高権力を握っているのだから、自浄能力、自制心を持たなければ、私はメディアは滅びると思います。

(二〇一七年七月二八日放送)

第4章

朝日とNHKは泥舟と共に沈むのか

加戸守行×櫻井よしこ

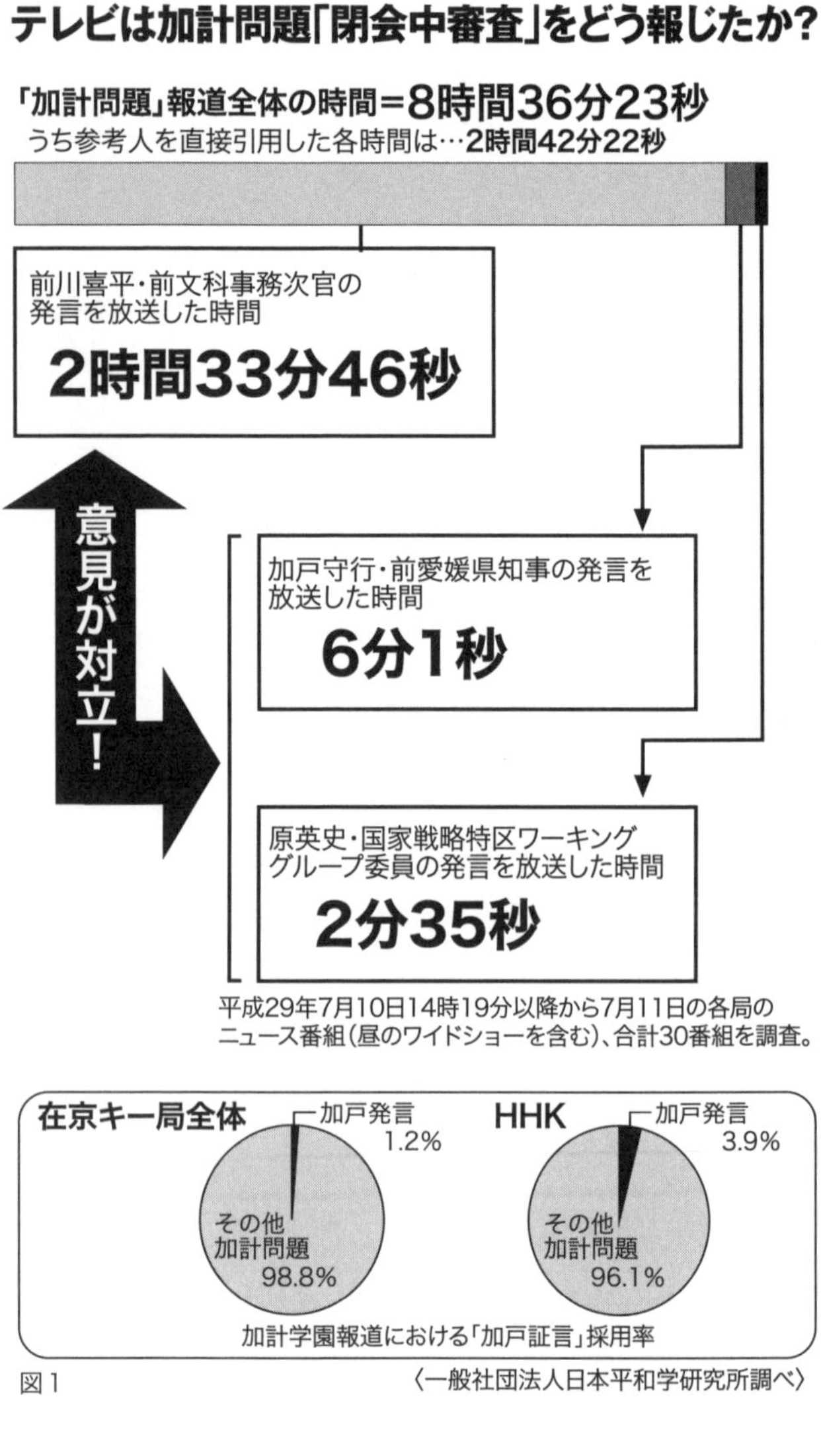

図1

〈一般社団法人日本平和学研究所調べ〉

ＮＨＫは「悪魔の証明」を

櫻井　加計学園の獣医学部新設をめぐる二〇一七（平成二九）年七月一〇日の閉会中審査について、ＮＨＫと民放キー局（日本テレビ、テレビ朝日、ＴＢＳ、テレビ東京、フジテレビ）の三〇番組（＝一〇日午後二時一九分から翌一一日放送）が、参考人の発言をどれだけ取り上げたかを調べたデータがあります（一般社団法人日本平和学研究所調べ、図1参照）。「加計問題」を扱った八時間三六分二三秒の報道のうち、前川喜平氏の発言を放送した時間は二時間三三分四六秒、加戸さんは六分一秒、国家戦略特区ワーキンググループの原英史委員にいたっては二分三五秒でした。

公共放送のＮＨＫですが、図に示されているように全番組でほんの少しの時間しか報じられていない。本当に少ない時間しか加戸発言を報じていない。

加戸さんはこれをご覧になっていかがですか。

加戸　恐ろしい状況ですね。ちょっと考えられません。しかも、聞くところによると、私の六分の発言のうち半分は「今治は一〇年間、加計ありきできた」というところのつまみ食いの報道だそうです。ですから実質的に「歪められた行政が正された」と言った部分は半分の三分くらいじゃないんでしょうか。

櫻井　しかもこの六分というのは、三〇番組すべてを合わせて六分なのですよ。報道

櫻井よしこ

番組、お昼のワイドショーを含む合計三〇番組でどのくらい加戸さんの発言が取り上げられたかという合計ですから、一つの番組では数十秒という感じでしょう。ですから本質的なコメントはまったく報道されなかったと言っていいと思います。

加戸　たぶんこの結果を見られたテレビ局の社員の方々には自分たちが勤めている会社について恥ずかしいと思っている方が相当いらっしゃるのではないでしょうか。このままの報道でいいのだろうか、という内部の声が突き上げてこないとおかしいですね。

櫻井　国会で発言なさったあと、ご家族での海外旅行で大変興味深い体験をされたと伺ったのですが。

加戸　バルト三国のパックツアーで、メン

加戸守行

バーは三四人でした。夕食は五、六人、同じテーブルで一緒になります。雑談の中で、「もう安倍総理もやめたほうがいいよね」「そうね、あんなに加計問題で疑惑が出ちゃうとね」というような声を何度も聞きました。一般の人は、ワイドショーで安倍総理が叩かれているシーンしか記憶に残っていないからではないでしょうか。

櫻井　加戸さんもいらっしゃるディナーのテーブルでこういう会話がなされる？　加戸さんだということはわかっていないのですか？

加戸　年寄りがツアーを楽しみに来ている場ですからね。高齢の方々ですから、私のことはみなさん知りません。もちろん国会中継なんて、彼らは見ていませんから知りません。

櫻井　ニュースやワイドショーを見ている方々は加戸さんのお顔を知らない。

加戸　知りませんね。そのときに、印象操作によるテレビの影響というのはこんなに大きいのかなと、しみじみ思いました。

櫻井　加戸さんとツアーのみなさんは一週間くらい一緒に旅行なさったわけです。お名前も「加戸」ですけれども、それでもわからない？

加戸　添乗員さんは「かとうさん」と呼びますから、たぶん「加戸」じゃなくて「かとう」とみなさん思っておられたかもしれません。

櫻井　お一人もあの加戸守行さんだと気づいた方はいませんでした？

加戸　いませんでした。

櫻井　恐ろしいことですね。非常に偏った報道をしたワイドショーもそうですが、NHKが偏っていたことが大きい。

加戸　びっくりしたのは、国会の閉会中審査があった七月一〇日夜のNHKニュース解説をユーチューブで見せて頂いた時です。島田敏男さん（NHK解説副委員長）という解説委員が、ニュース解説をしていました。その解説は、「疑惑が深まってどうの」だけでしたから、この方は国会中継はご覧になっていなかったのか、と思いました。ひょっとするとNHKのニュースだけを見て、それに基づいてニュース解説をしてるのかな、と思ったのです。不勉強もいいところです。
　全国民にＮＨＫのニュース解説として「疑惑の深まり」だけを報道するなどということがあっていいのか。不勉強なのかそれとも知っていてそう解説したのか、ここは責任追及があってしかるべきです。

櫻井　ＮＨＫの島田さんは、国家戦略特区という制度のもとで真っ先に恩恵を受けたのが首相の友人であったということに釈然としないというようなことを述べていました。「首相の友人」ということを問題にして、だから徹底した調査をして安倍さんは国民に誠意をもって説明すべきだと言ったのです。
　でも、あの加戸さんの国会での参考人としての証言を聞いていれば、首相のお友達だから加計学園に話が来たわけではないとわかるはずなのです。彼の職業柄、国会中継は見て、加戸証言も聞いておかなければならない。にもかかわらず、そのようなことを言った。

加戸　私がＮＨＫに言いたいのは、仮にＮＨＫが「安倍叩きをする」という方針のもとに、「安倍総理に不利な材料」は報道するけど「有利な材料」は報道しないということが社内で指示されていたとすれば、大変なことだということです。そういうことは指示はしていないという「悪魔の証明」をＮＨＫはすべきですよ。

そうでなければこれまでの報道の説明がつかないと私は思いますね。

「日本偏向協会」なら受信料不払いも

櫻井　テレビで言えば、民放の報道も、ワイドショーの内容もひどいのですが、NHKがとりわけひどい。なぜなら、NHKは私たち国民から受信料を取っているわけですからね。

まず、放送法第四条は次のように定めています。

〈第四条　放送事業者は、国内放送及び内外放送（以下「国内放送等」という。）の放送番組の編集に当たつては、次の各号の定めるところによらなければならない。

一　公安及び善良な風俗を害しないこと。

二　政治的に公平であること。

三　報道は事実をまげないですること。

四　意見が対立している問題については、できるだけ多くの角度から論点を明らかにすること〉

これは法律ですから全部守らなければいけない。日本は法治国家でしょう。でもこれを守っていない。

さらに、同じ放送法の別の条項、六四条は次のように書かれています。

〈第六十四条　協会の放送を受信することのできる受信設備を設置した者は、協会とその放送の受信についての契約をしなければならない。ただし、放送の受信を目的としない受信設備又はラジオ放送（音声その他の音響を送る放送であつて、テレビジョン放送及び多重放送に該当しないものをいう。第百二十六条第一項において同じ。）若しくは多重放送に限り受信することのできる受信設備のみを設置した者については、この限りでない〉

つまりお金を払いなさいということ、これも放送法に書かれています。この条文に基づいてＮＨＫは受信料を払わない人に対して裁判を起こし、勝訴しているわけです。ＮＨＫは六四条に基づいて主張していながら、一方で、四条についてはまったく無視している。これはおかしくないですか。

加戸　これで連想したのは、アメリカがＩＬＯ（国際労働機関）の分担金を払わなかったことです。私は四〇年前に、ＩＬＯ総会という国際労働機関の総会に一カ月出席したことがあります。ここでは提訴があった各国の労働問題を取り上げて審査をします。各国四票を持っていて、政府が二票、使用者代表が一票、労働者代表が一票。当時、例えば日本の場合は、政府、使用者代表として日経連、一方の労働者側は総評が出ます。

　ですから、自由主義陣営は常に社会主義陣営と連帯した開発途上国連合に負ける結果になる。共産圏諸国は政府も使用者も労働者もみんな共産党員ですから労使一体で、向こうは一国四票は固い。そこへ日本の総評の一票がいくから五対三で自由主義陣営は負けることになるのです。

　そうすると国際労働機関で審査をしても、自由主義諸国の問題はけしからんとなりますが、社会主義国の問題はそうならない。たとえばソ連の労働者が必要品を受給する労働者手帳を支給されないという問題がありました。しかし、それはみんなでノルマを達成しようと申し合わせたにもかかわらずノルマを達成しないからであり、労働者手帳は支給されなくてもよいと判断された。

　これにアメリカが怒り、ＩＬＯの分担金は条約によって支払いが義務付けられているのですが、三年も四年も支払わなかったのです。これは条約違反です。アメリカはさらには「こんなダブルスタンダードは駄目だ、運営が改正されていない」と言って脱退しました。アメリカは一九七七年から八〇年までの間、脱退したわけです。

　その後、一九八〇年に復帰しましたが、条約上の支払い義務を履行しないまま今日まで来ています。条約上はＩＬＯが四〇年前の分担金を払えと言ったら払う義務がアメリカ政府にはあるのですが、そんなものは払うか、と言っています。
NHKが放送法四条に徹底して違反するこのような大きな問題を起こすならば、放送法六四条によって契約を義務付けられた支払い義務には罰則がありませんから、アメリカがILOに払わなかったのと同じように、今治市は払わない、愛媛県民は払わないということが起きてもおかしくない。

櫻井　今治から受信料の不払い運動を始めると。

加戸　十分、可能性はありますよね。今治市民に受信料を払ってもらうためには、偏向したNHKは「日本偏向協会ではなくて、日本放送協会ですからお支払いください」と言って、たとえば解説委員を交代させるとか、あるいは報道責任者の内部処分をするなどしなければ、おさまりがつかないと思います。

櫻井　日本偏向協会ですか。ぴったりですね（笑）。

「加戸テレビ」を作るしかない

櫻井　NHKは国民から受信料をとり、放送法のもとに存在しています。民放ももちろん放送法のもとにあるのですが、とりわけNHKの責任が大きいのは、一にも二にも彼らはものすごく潤沢な資金を国民から取り立てているからです。

私はかつて民放でキャスターをしていましたので、NHKにどれだけお金があるかを、感覚として知っています。たとえば同じ取材に行くのでもこちらはクルーが二班しかいない時に、向こうは四班も五班も、時には六班もいる。圧倒的な人数の違いがあります。

ですからNHKは、民放よりももっともっと幅広く取材をして、丁寧にバランスよく取材をして国民のみなさんに事実を示す責任があるのです。それを今回はしていない。先ほど加戸さんが「日本偏向協会」とおっしゃったように、本当に偏った放送をした。偏向はニュース番組にとどまらず、ドキュメンタリー番組や歴史の検証番組で特に顕著だとも感じています。これは絶対に許せない。

ではどうすればよいか。スクランブルという技術があります。電波信号を変調させて特定の人しか見られないようにすることですが、このシステムをNHKの放送に入れてくれればいいと思います。チャンネル1に合わせるとスクランブルがかかって画面も見えない、音声も聞こえない。そのようにしてくれれば、NHKの偏向報道は嫌だという人は見ないですむ。その代わり、お金は払わない。

島田解説委員のように本当は頭のいい方がこんなに偏向した解説をするのは聞きたくない、見たくないという人はスクランブルを解除せず、お金を払わない。NHKを見たい人はスクランブルを解くためにお金を払って視聴する。つまり、民主主義社会ですから、見るも見ないもあなたの選択です、という制度をＮＨＫという公共放送に入れるべきだと思うのです。どうですか？

加戸　大賛成ですね。民放の場合は同じ放送法に根ざしていても、たとえば偏向した内容のワイドショーについているスポンサーの商品は買わない、というような対抗手段がありますが、ＮＨＫはそれができません。

櫻井　しかもＮＨＫはもっと強欲で、インターネット配信でも受信料を取ろうとしているのです。みんな大反対しているのですが、ネット配信でまた巨額の受信料がＮＨＫの懐に入る。本当にＮＨＫは驕り高ぶっていると思います。総務省によると、平成二七年度の電波利用料金の歳入は総額約七四七億円。主な通信事業者やテレビ局の電波利用負担額は、ＮＴＴドコモ約二〇一億円、ＫＤＤＩ約一三一億円、ソフトバンク約一六五億円、ＮＨＫ約二一億円、日本テレビ約五億円、ＴＢＳ、フジテレビ、テレビ朝日、テレビ東京約四億円です。ＮＨＫはたった二一億円しか払っていません。

いま政府が「波」を割り当てて運営させているわけですが、電波を割り当ててもらうことは特権です。特権には責任や義務が伴います。その責任や義務はバランスのとれた情報を視聴者に与えることでしょう。政府に都合のいいことであっても悪いことであっても、事実を伝えて視聴者がきちんとした判断ができるようにしてくださいということです。
民放も今回、これをしていない。先ほどの加戸さんの証言がわずか六分しか報じられなかったというのを見ると、民放も含めてほとんど責任も義務も果たしていないわけです。こんなに偏った報道しかできないのであれば民放も特権には値しないから、電波の波を全部自由にして「加戸テレビ」や「櫻井テレビ」とかを作るようにしないと（笑）。

加戸　目が覚めないでしょうね（笑）。

泥舟と共に沈むのか

加戸　ただ私はテレビ局全員がそうだとは思いません。一部の幹部に、特定の思いをもってそういう統制をしている人がいるはずです。そうでなければこういう結果が出るわけがない。
そういう「戦争犯罪人」は内部処分をして、反省して、外部に対して謝るべきだと私は思います。そうでなければ、これだけ「安倍叩き」をして、これだけ「今治叩き」をして、これだけ「獣医学部叩き」をすれば、それは愛媛県民も今治市民も怒りますよ。「覚悟の上でやっているんでしょうね、あなたは」と言いたい。そうでなければ卑怯ですよ。やったこととの責任を取るべきだと思います。

櫻井　ＮＨＫには、経営者からニュース現場の責任者まで、大いに反省をしてもらわないといけないない。今治から受信料の不払い運動が起こるやもしれないということを声を大にして伝えたいと思います。

加戸　なかなか目が覚めないでしょうけれども。ＮＨＫでは約二〇年前に「女性国際戦犯法廷」問題で、天皇陛下を有罪にするような偏向報道がありました。あのとき安倍総理は、当時はまだ一議員という存在でしたが、クレームをつけた。

櫻井　圧力はかけていなかった。

加戸　あのときの仕返しをいまやっているのかなと思ったりします。

あるいは、前川喜平氏が、データをＮＨＫと朝日に持ち込んだのかもしれません。持ち込んで来られた以上は、乗っかった。乗っかった泥舟だから逃げ出せなくて、泥舟と一緒に沈もうとしているのか。前川氏は情報の出所についてコメントしないと述べているので真相はわかりませんが、考えられる理由としてはそれくらいしかありません。

櫻井　安倍さんが五月三日に憲法改正に言及したときから朝日をはじめ、ＮＨＫを含めて、安倍バッシングが激しくなったと実感しています。彼らには安倍政権によって憲法改正が実現に近づくのをなんとか阻止しようという思惑があったというふうに、私は思います。

加戸 私は朝日がそれを行うのは、朝日の体質としてわかるのです。でも、なぜNHKが、というのは不思議です。

櫻井 でも加戸さん、NHKは昔からものすごく反日的な報道をたくさんしてきましたよ。NHKスペシャル「JAPANデビュー」という台湾問題を扱ったものなど、非常に「反日」に偏ってきた。国民から受信料を徴収して国民の皆様のNHKだと言いながら、どうして偏った反日的な報道をするのかは理解できませんが、NHKの反日は今に始まったことではありません。

たわけた議論

櫻井 ところで、民進党も朝日新聞も、本来は岩盤規制を打ち破り、弱い立場の人が新しく挑戦する志を支持していたはずですね。

加戸 そうなのです。しかし、民主党時代に、獣医学部新設について少しレベルアップした途端に、民主党獣医師議員連盟が結成され、それに六八人も参加した。政治献金が始まった途端にブレーキがかかり、いまや日本獣医師連盟から一〇〇万円の献金をもらった人が獣医学部新設を「白紙に戻して」はどうかと言っています。

櫻井　民進党の玉木雄一郎幹事長代理（当時、現希望の党代表）が、二〇一七年七月二四日の衆院予算委員会でそう述べましたね。玉木さんは、政府が一六年一一月九日の国家戦略特区諮問会議で獣医学部新設方針を正式決定する前日に、文部科学省が加計学園に条件について助言する文書が存在することを根拠に「まさに加計ありきだ」と主張。「白紙に戻してもう一度、手続きをやり直す。これが信頼を回復する一番の方法だと思いますが、いかがですか」と述べました。

加戸　リクルート事件のときに公明党の池田克也先生という文教族の議員が起訴されました。リクルート社に有利なように就職協定の解禁時期を一カ月早めろという国会質問をしたがために懲役三年、執行猶予四年の有罪になった。それに比べれば今回の玉木議員のケースは、もっと悪質ではないのかなと思います。

櫻井　玉木さんは香川県出身の民進党の議員です（当時）。四国四県はいままで県知事が連名で、獣医学部新設を進めようとしていたのですが、この頃、香川県が玉木さんの影響で……。

加戸　ちょっと腰を引いて……。

櫻井　玉木さんもものわからない人ではないはずなのに、どうしてこういうことになるのか。彼のお父様が獣医師会と関係があることが影響しているのではないかと言われるような、疑いを招くような言動は、政治家としては感心できません。

加戸　一〇〇万円の献金に義理堅いのかもしれませんけどね。

櫻井　獣医学部新設について具体的に進んでいるにもかかわらず、白紙撤回したほうがいいのではということがメディアでも言われました。山田厚史さんという元朝日新聞の編集委員が、〈加計・獣医学部を白紙撤回？ 安倍政権が人気挽回サプライズ作戦か〉（『ダイヤモンドオンライン』山田厚史の「世界かわら版」、二〇一七年八月一七日）という記事を書いています。

また、『週刊朝日』（二〇一七年九月一日号）の〈加計学園の獣医学部新設〝白紙撤回〟の公算〉という記事では、〈田原総一朗氏はこう忠告する。特区認定を白紙に戻す以外に、もはや残された道はない――〉とここでも白紙撤回です。

加戸　たわけた議論ですね。

櫻井　田原さん、たわけた議論と言われていますよ（笑）。

加戸　愛媛県としても期待しています。まず、動物病院ができます。いろんな畜産物

加計学園はすでに工事が進んで今治市としては期待をしている。

の感染症等が起きれば、その検査等も全部、病院にお願いして指導が仰げるということが一つあります。また、動物実験等によって、牛、豚、鶏、猿を使った製薬の実験ができます。医学はモルモットが重要ですから、これからの感染症などの恐怖に対応するためには、動物実験等によってライフサイエンス、特に製薬の研究をしていく必要がある。製薬会社には獣医学部からたくさん採用されるようになります。アメリカではすでに製薬会社は獣医学部から採用するという方針ができています。

日本はアメリカと同じような世界先端の研究に取り組まないといけません。それが二一世紀の、核兵器か感染症が人類を滅ぼすといった時代の、いちばん大切な事柄です。にもかかわらず、「今治で世界に誇れるものをつくりたい」という夢と希望と念願がかないそうな直前にこんな騒ぎになって、正直、私は怒り心頭に発しています。

「安倍の臭い」は全部駄目

櫻井　白紙撤回しろということが、朝日系の雑誌などによって喧伝されることについて、どう思われますか。

加戸　緻密な分析もない話で、ただ感情の赴くままに白紙撤回と喚いていますが、何が理由ですか。加計孝太郎・加計学園理事長が安倍総理のお友達だから問題だというのであれば、理事長をたとえば息子さんに交代するのであればいいのですか。あるいは今までに加計学園がつくった薬学部や看護学部は、すでにできてしまっているから許容されるということなのでしょうか。新しい学部だから、認められないということなのですか。あるいは、獣医学部だから駄目なのでしょうか。

また、獣医学部新設はほかの学園ならいいけれど、加計学園では駄目だという理由は何ですか。やはり、理事長が総理のお友達だからですか。

このような論点の交通整理をせずに、ただ一括して問題にして、「もやもやしているから」白紙にしろだなんて、論理が何も成り立っていない。

私が聞きたいのは、何が悪いのか、ということです。学園の理事長が悪いのか。それとも獣医学部が悪いのか。場所が今治だから悪いのか。

それがごった煮になって、わあわあ言って、「安倍の臭い」がするものは全部駄目だというただ感情一本槍というのは理解できない滅茶苦茶な議論です。

櫻井　田原さんは私の友人でもあるのですが、田原さんは加計学園問題でかなり突っ走っています。テレビ朝日の『グッド！ モーニング』という番組で、当時、官房副長官だった萩生田光一さん（現自民党幹事長代行）を、「加計問題のいわば一番の責任者」だと論難した。それに対して正式にテレビ局は萩生田さんと視聴者に、謝罪、訂正をしました。

ＮＨＫ『クローズアップ現代＋』がスクープし、文科省が公表した文書「10／21萩生田副長官ご発言概要」によって、さも萩生田さんが獣医学部新設問題に介入しているかのように報道されましたが、そもそもこの文書にあるやりとりは、萩生田さんが文科省に指示したものではなく、文科省側から萩生田さんへの報告、相談だったわけです。萩生田さんはこう述べています。

〈義家弘介文科副大臣らが「著しく正確性に欠く個人の備忘録的なメモなんです」と説明に来ました。省として物事をあきらめるときに「萩生田副長官がこう言っている なら仕方がない」というようにしてメモにする傾向があったことは否めないというおわびもありました〉（産経新聞、二〇一七年七月二二日）

萩生田さんは何の介入もしていません。同じように安倍さんも介入していないのですが、いま加戸さんが指摘されたように、報道は確たる証拠もなく突っ走ってしまっている。

加戸　前川参考人の国会での発言でも奇異に感じることがありました。彼は、青山繁晴さんの質問に答えてこう述べています。

〈さらには、これもまた信憑性の高い文書だと思っておりますけれども、十月二十一日の日付の入っております萩生田官房副長官御発言概要というペーパーがございます〉（参議院予算委員会、二〇一七年七月二五日）

萩生田副長官はその発言を否定している。文科省も正確性を欠いたといって謝罪している。なのに前川参考人だけは、メモを正しい、事実だと言っています。

メモをつくったのは文科省の課長補佐です。高等教育局長が副長官のところにいって話をした。文科省に帰ってきてから、彼がその内容を述べたのを聞いて書いたメモです。高等教育局長は記憶にない、副長官はそんなことは言っていないと否定しているのに、なぜその場にもいない人のことを「優秀な課長補佐」だから事実だと前川氏は断言できるのか。その精神構造が理解できない。思い込むと、「鰯の頭も信心から」になってしまって、思い込みと妄想と偏見がごちゃ混ぜになって収拾がつかないのではないでしょうか。引っ込みがつかないのではとも思います。

櫻井　閉会中審査の小野寺五典さんの質問で、明らかになったことがあります。

前川参考人は小野寺五典さんの「この獣医学部の新設について、直接総理から何か指示やお話があったことはありましたでしょうか」という質問について、国会でこう答えました。

〈私自身は、総理から直接伺ってはおりませんが（後略）〉（衆議院予算委員会、

二〇一七年七月二四日）

つまり、結局、彼は「総理のご意向」を聞いていなかったことがわかった。にもかかわらず、「総理のご意向」と書いたメモは正しいのだという。本当におかしなことです。そのようなことを田原さんたちは確認しないで犯人は萩生田だ、いや安倍が悪いんだと言う。

加戸　「大臣ご確認事項に対する内閣府の回答」というメモには、〈「国家戦略特区諮問会議決定」という形にすれば、総理が議長なので、総理からの指示に見えるのではないか〉なんてご丁寧にアドバイスまである。

櫻井　朝日新聞一七年五月一七日の一面に掲載された影付きの〝メモ〟ですね。影で隠された部分にはそのように書かれていて、総理の指示ではないことを示していますが、朝日は「総理のご意向」の証拠として報道した。都合の悪い部分に影を落として報道した悪しき事例になります。

加戸　滅茶苦茶としか言いようがありません。ただ、加計問題は前川氏がＮＨＫと朝日に文書を持ち込んだと言われていますが、そこから始まったわけです。ＮＨＫと朝日は「前川丸」の船に乗り込んで、泥舟だと気がついているかもしれないけど、もう抜け出すチャンスがなくて困っているのではないですか。泥舟だから逃げなさいよ、丘へあがって、泥舟に乗ったのは間違いだったと一言、言って下さいよというのが国民の声だと思います。

政治資金目的の利益集団

櫻井　地元と日本の発展のために学園都市を作りたいという要望が今治にはあるわけです。その地元の方々から見ると、文部科学省の大学設置・学校法人審議会（設置審）が獣医学部新設の是非を保留（編集註／二〇一七年八月に予定されていた判断を延期。その後も一〇月予定が延期となり、一一月一〇日に設置審が認可）にしたのはどうお感じになりますか。こんなことで日本は元気になり得るのか、地方は元気になり得るのか。

加戸　私は基本的に判断の保留は、日本獣医師会のエゴイズムで、既得権益保護のために全部妨害されてきたと思っています。何が妨害されたかというと、獣医学部の設置もそうですが、地方で夢を持って学園都市を作ろうということについても妨害されました。「東京一極集中がいいのだ」「地方なんか駄目だ」「今治ごときが」ということのような感覚に、私は非常に不快感を持っています。

なぜならば、たとえば文科省もやっと東京一極集中の入学定員の増加は抑えようと、文部科学省告示で東京二三区内の入学定員の増加を認めないと決めました。ところが今年度は滑り込みセーフです。要するにかけ込みの入学定員増があった。何千人も首都圏で入学定員が増えているのです。

一方で今治の獣医学部新設における入学定員の一六〇人が多すぎるから一四〇人にとか、地方で教育はできないなどと言うのです。いまの状況を見ていたら、何もかも東京一極集中で行うから地方は何もするな、という形の中で加計問題は取り扱われている。これは不思議だし、おかしいと思います。よくまあそんなことを国会の先生方、おっしゃいますね、と私は国会議員に対する猛烈な不信感を持っています。

櫻井　国会議員の中にもいろんな方はいると思います。自民党だけではなく、野党のほうが今回はおかしい。自民党はメディアに批判されてどんどん萎縮してしまっている。本当はもっと自信をもって、堂々と進めて、きちんと説明して、まったく総理の介入する余地はなかった、と反論すべきなのですが、それが朝日新聞やNHKの壁にぶちあたってできなくなっている。

また、本来、弱い立場の人がこの特区を活用して新しい分野に進んでいくのを後押しするのが、野党の役割でもあるわけです。しかし、それをやらない。これについて、今治の人達は怒っていい。強い憤りを持ってよいのです。こんなつまらないことで、既得権益を持っている人達がこのままずっと権益を持ち続けることになるのであれば、日本は発展しません。本当に心配です。

加戸　だから、国家戦略特区諮問会議の民間有識者委員の五人が結束して、新潟市からの提案を受けて一年間必死に「獣医学部の壁」を打ち破ろうと努力された。本当はこんなことは、民進党の議員がやるべきことです。構造改革特区時代に自民党に対して、なぜこんなにはねかえすのか、今治を認めろと、鳩山政権時代に乗りかかった船を前に進めてほしかった。それが獣医師議員連盟ができて政治献金があったからふにゃふにゃと一八〇度転換するなんて、これは政党じゃない。利益集団ですよ。

櫻井　民進党は利益集団に成り下がっていると言われても仕方がないでしょう。

加戸　政治資金目的の利益集団と言われても仕方がないのではないですか。

「敵は本能寺にあり」

櫻井　いますごく大事なことを指摘されました。国家戦略特区ができてようやく獣医学部新設問題が進み始めた理由は、民間有識者が入ったからだということです。それ以前の構造改革特区のときには、その議論は官僚が行っていました。

加戸　冒頭で挙げた放送時間で、前川氏の二時間三三分に対して二分だった原委員が平等に扱われるべきですよ。戦略特区のワーキンググループはまさに一点の曇りもなく厳正に議論して、頑強な岩盤規制の突破口を開こうとしたという。この努力の成果で今日があるわけです。そういう意味で既得権益の打破に役割を果たした最大の功労者である原委員を二分で扱うメディアは非常識極まりない。

原委員や、国家戦略特区ワーキンググループ座長の八田達夫さんなど、あの方達がまさにこの獣医学部の壁を取り払ってくれたわけです。

申し訳ないですが、安倍総理ではありません。

櫻井　ただ、国家戦略特区の仕組みそのものを作ったのは安倍総理です。

加戸　諮問会議の議長でもありますけどね。

櫻井　獣医学部新設をきちんと進めるためにも、この間、メディアの問題に気がついた国民が行動を起こしていかなければならないと思います。先ほど、今治のほうから受信料不払い運動が起きてもおかしくないとおっしゃった。

加戸　一七年一〇月末の結論を待って、仮に本当に獣医学部新設が潰れるようなことがあったとすれば、ＮＨＫと朝日と野党の責任追及のために残りの人生の全てをかけて戦います（編集註／二〇一七年一一月一四日、獣医学部新設はようやく認可）。

櫻井　素晴らしい。メディアも国民に見られているのだと意識して報道しなければ、とんでもないことになると思います。偏向報道はこの問題だけではありませんから。

加戸　私もそう思います。これは「敵は本能寺にあり」ではないのかなと思って、NHKについてはそういうふうに見ていました。

櫻井　民主主義をきちんと機能させるために、自分たちの判断に基づいて国の方向を決めたいと思っている国民は、メディアを正さなければなりません。NHK、朝日、そのほかのメディアを正さなければならない。私は国民の一人として、NHKにはスクランブル制度を入れてほしいと思います。それが無理ならば、テレビの電波の特権を取り払っていきたい。それこそ国家戦略特区で岩盤に穴を開けて、志のある人たちがそれぞれのテレビ局をつくることができるような世の中にしたいと思います。

本当の意味での情報の公正さ、公平さというものを実現していきたいと思います。加戸さん一緒にやりませんか。

加戸　驥尾《きび》に付して、粉骨砕身、お供させて頂きます。

櫻井　一緒にやっていきましょう。

加戸　日本国に絶望したくないですからね。

櫻井　日本国にまだまだ希望を抱きたいし、日本という素晴らしい国の素晴らしさを伸ばしていくような形にしたいですね。

（二〇一七年八月二五日放送）

第5章

軍靴の足音は朝日から

門田隆将×櫻井よしこ

吉田調書事件と同じ手法

櫻井　先の章でも触れましたが、門田さんは朝日の〝特ダネ〟に対して、当初より真っ向異を唱え、二〇一四（平成二六）年九月一一日に朝日新聞を謝罪・訂正に追い込みました。朝日はこの過去の体験から学んでいないのでしょうか。このところの凄まじい安倍バッシング、森友問題・加計問題の報道から見て、朝日はどうなってしまったのかと思います。

門田　櫻井さんと私はお互いに、ずっと朝日をウォッチしています。

櫻井　門田さんには『週刊新潮』のデスク時代に、今も続く私の連載を担当してもらいました。当時から、私たちは事実にこだわってきましたね。

門田　事実を得るために張り込んだり、しんどい思いをしてきました。

櫻井　二〇一七年五月一七日の朝日新聞、一面トップに、〈新学部「総理の意向」〉という記事が出ました。

しかしその一面記事に添えられたこの文書の写真はなぜか、一部が見えないように影をつくって加工して掲載されています。なぜこのように加工しているのか、とこの記事を見た人は疑問に思いますよね。

門田さんはこれについて、既視感があるのでしょう?

門田　朝日新聞のやり方を、私は「ストローマン手法」と呼んでいます。

櫻井　ストローマンというのは、藁でできた、かかし。

門田　そうです。ストローマン手法とは、要するに証言や資料などの証拠を、正しく引用せず、自分の都合のいいように変えてしまう。切り取ってしまう。そうして相手を論破することを言います。なぜ「ストローマン」、つまり藁人形と言うかといえば、その理由には二通りあって、藁人形というのはすぐ倒れるので、つまりは倒しやすいということ。もう一つは中身がスカスカということだと言われています。このストローマン手法というのは、欧米では、最も軽蔑すべきディベートの方法とされています。朝日新聞のやり方には、このストローマン手法が実に多い。

二〇一四年の吉田調書事件で言えば、政府事故調は二十数時間に及ぶ吉田証言を聴取していますが、朝日新聞はそれを自分の都合のいいところだけピックアップし、事実と異なるストーリーを作り上げて報道しました。同じことが、今回の加計学園問題でも行われていて、それがこの一面トップに掲げられた文書の影なのです。

要するに、この朝日新聞の報道は、加計学園を特別扱いすることが「総理のご意向」であるかのような印象を持たせるものです。しかし、この文書には加計の「か」の字も出ていない。それだけではなく、この影によって消されている部分にはこう書

櫻井よしこ

かれています。

〈「国家戦略特区諮問会議決定」という形にすれば、総理が議長なので、総理からの指示に見えるのではないか〉

櫻井　「見えるのではないか」ということは「総理の指示ではないか」ということを表していますね。総理の指示ではないにもかかわらず「見えるのではないか」と書かれているのはどういうことだと考えられますか？

門田　まず、この文書の前提を知らなければなりません。安倍総理がアベノミクスの成長戦略の柱の一つとしている国家戦略特区の議論に、文科省は敗れたわけです。安倍総理は岩盤規制を打破することに非常に力を入れている。そのために、国家戦略特区諮問会議を作り、そのワーキンググループが規制を打破

門田隆将

するために一所懸命やっています。
　獣医学部を五二年間にもわたって作らせないのはなぜかと言えば、獣医師会と文科省と農水省が一緒になって岩盤規制をつくっていたからです。もちろん規制は、すべてが悪いわけではありません。必要な規制もありますから、それについては規制官庁が諮問会議できちんと「これはこういった理由で規制しなければならない」と説明する必要があるわけです。

櫻井　でも、文科省は理由を述べられなかった。

門田　そうです。課長から始まって審議官、局長、大臣とポストを上げて説明していくことが許されているわけですが、最初の課長段階で、この規制の合理性や必要性をなにも述べられなかったわけです。

櫻井　五二年間も新学部を新設しなかった理由を説明できない。

門田　そうです、そこには理由がないわけです。これこそが岩盤規制。

しかしそうすると、理由を述べられなかった文科官僚は困るわけですよね。「自分は何も言えませんでした」ということですから。そのときに、内閣府側が「国家戦略特区諮問会議の決定だということにすれば、総理からの指示に見えるのではないか？」とサジェスチョンを与えているわけです。それがこの朝日によって〝加工〟された文書に実は書かれていることなのです。

ですからこの文書は、「安倍さんの関与はない」という意味の書類なのです。それを逆に見せるために、都合の悪い部分をわざわざシャドーで消したとしか思えないわけです。

櫻井　吉田調書報道と同じだということですね。

門田　やり方はまったく同じです。

なぜ「角度をつける」か

櫻井　問題は、なぜ朝日新聞はいつもこのように事実を歪める報道をするのか、です。全体を見れば朝日新聞の歪曲はすぐにわかることなのに。

門田　朝日新聞は、実はずっとその手法できているのです。私は「朝日的手法」と呼んでいますが、朝日新聞は事実（ファクト）が先にあるのではなくて、自らの主義主張が先にあります。イデオロギーが先にあるわけです。

朝日のスター記者だった長谷川熙さんは、マルクス主義者以外は右翼だと言われる空気が社内にある、と『崩壊　朝日新聞』（ワック）の中に書いています。朝日新聞は左翼・リベラルの報道姿勢を貫いてきたので、それに沿った記事でないと紙面に載らなくなってきている。もちろん、マルクス主義は全然リベラルではありませんけれどもね。そして紙面に載せるために、彼らは「角度をつける」というのです。

櫻井　「角度をつける」ということについては、外交評論家で外務省出身の岡本行夫さんが、朝日新聞の慰安婦報道に関する第三者委員会報告書で指摘しました。岡本さんも私たちから見れば朝日的な方ですが、その岡本さんが検証委員会に入り、次のように指摘しているのです。大事なことなので少し長く引きます。

〈当委員会のヒアリングを含め、何人もの朝日社員から「角度をつける」という言葉を聞いた。「事実を伝えるだけでは報道にならない、朝日新聞としての方向性をつけて、初めて見出しがつく」と。事実だけでは記事にならないという認識に驚いた。

だから、出来事には朝日新聞の方向性に沿うように「角度」がつけられて報道される。慰安婦問題だけではない。原発、防衛・日米安保、集団的自衛権、秘密保護、増税、等々。

方向性に合わせるためにはつまみ食いも行われる。（例えば、福島第一原発吉田調書の報道のように）。なんの問題もない事案でも、あたかも大問題であるように書かれたりもする。（例えば、私が担当した案件なので偶々記憶しているのだが、かつてインド洋に派遣された自衛艦が外国港に寄港した際、建造した造船会社の技術者が契約どおり船の修理に赴いた。至極あたりまえのことだ。それを、朝日は1面トップに「派遣自衛艦修理に民間人」と白抜き見出しを打ち、「政府が、戦闘支援中の自衛隊に民間協力をさせる戦後初のケースとなった」とやった。読者はたじろぐ）。

新聞社に不偏不党になれと説くつもりはない。しかし、根拠薄弱な記事や、「火のないところに煙を立てる」行為は許されまい。

朝日新聞社への入社は難関だ。エリートである社員は独善的とならないか。「物事の価値と意味は自分が決める」という思いが強すぎないか。ここでは控えるが、ほかにも「角度」をつけ過ぎて事実を正確に伝えない多くの記事がある。再出発のために深く考え直してもらいたい。新聞社は運動体ではない〉（二〇一四年一二月二二日、朝日

新聞社第三者委員会報告書）

門田　岡本さんが指摘されているように、朝日新聞では「事実だけでは記事にならない」のです。これは本当に恐ろしいですよ。

新聞に不偏不党を説くつもりはないと岡本さんはおっしゃっていますが、私もそう思っています。なぜならば、新聞には論評の部分とストレートニュースの部分、両方がありますから、論評面では自分の主義主張をいくら書いてもいい。けれども、ストレートニュースをそのためにねじ曲げてはいけないわけです。しかしねじ曲げられているから、岡本さんも驚いた。

〈ほかにも「角度」をつけ過ぎて事実を正確に伝えない多くの記事がある〉と岡本さんは言っておられるわけですが、まさに今回の加計問題にも当てはまります。

櫻井　そのままですね。

門田　〈「火のないところに煙を立てる」行為は許されまい〉ともありますが、これは先ほどの一面に掲げられた文書写真にそのまま当てはまりますね。

櫻井　総理が関わっていないという証明になる内容なのに、関わっているという反対方向で報じた。

門田　影をつけてね。かつ、加戸さんの証言のような自分に都合の悪いことは報じない。ストローマン手法を駆使しています。

極端に振れる新聞

櫻井　正確な答えを見つけるのは、なかなか難しいとわかっていても、つい、問いたくなります。朝日はなぜこのようなことをするのか、と。

門田　これはもうずっと続けていることですから、体質そのものです。

櫻井　朝日新聞の歴史を遡ってみると、数々の悪名高い報道がありますね。

門田　朝日新聞には「極端に振れる」という歴史があります。

一九一八（大正七）年、朝日新聞では白虹《はっこう》事件が起こっています。寺内正毅《まさたけ》内閣のときの米騒動に際して、大正デモクラシー派の論調だった朝日新聞は寺内内閣を攻撃する報道をした。そして朝日は「白虹日を貫けり」という記事を出したのです。

白い虹が日を貫くというのは、秦の始皇帝の時代に、始皇帝を暗殺に行った荊軻《けいか》が出向くときに表れた自然現象。そこからきた故事成語です。それを記事に用いてしまった。これは恐れ多くも帝を誅《ちゅう》する意味を持つ言葉を使ったものですから、朝日は右翼の襲撃にあい、村山龍平社長が国賊と書かれて石灯籠に全裸で縛り付けられるという事件が起こりました。そして不買運動が始まったわけです。

そこから朝日は右翼新聞に変わる。一九四五年九月になってGHQ（連合国最高司令官総司令部）に発行停止処分を受けるまでずっと、戦争を煽りに煽った右翼新聞でした。

櫻井　いちばん戦争を煽りましたね。軍部を弱腰だと批判して、戦争報道で号外を出しては、部数を増やした。戦争を煽ったのは朝日新聞です。

一九四五年八月一四日の有名な朝日の社説がありますね。六日に広島、九日に長崎に原爆を落とされ、日本は壊滅的な損害を受けて、多くの人が殺害されてしまった。それでも一四日に〈敵の非道を撃つ〉という社説を書いた。

〈われらはわれらに與へられた至上命令である航空機増産、食糧《りよう》増産その他の刻下の急務にひたすら邁《まい》進すれば足る。敵の暴虐《ぼうぎやく》に対する報復の機は一にこの國民の胸底に内燃する信念が、黙々《もくもく》としてその職場に於《おい》て練り固めつゝある火の玉が、一時に炸裂《さくれつ》するときにある。

すでに幾多の同胞《ほう》は戦災者となつても、その闘《とう》魂は微《び》動だもせず、いかに敵が焦《しよう》慮《りよ》の新戦術《じゆつ》を実施《し》しようとも、一億の信念の凝《こ》り固まつた火の玉を消すことはできない。

敵の謀略《ぼうりやく》が激《はげ》しければ激《はげ》しいほど、その報復の大きいことを知るべきのみである〉

（朝日新聞、昭和二〇年八月一四日）

一億の火の玉炸裂するときだというわけです。まるで現在の北朝鮮のような印象を抱きます。

門田 終戦を知っていて、この社説を書いていますからすごいですよね。

櫻井 本当に。日本が敗戦を受け入れることをわかっていながら彼らはこう書いた。後に、なぜこのような報道を行ったのかが当時の幹部の著書、『実録 朝日新聞』（細川隆元、昭和三三〔一九五八〕年）からわかりました。昭和二〇年八月当時の日本では、「九日から十日にかけて」「政府の態度はポツダム宣言受諾、すなわち無条件降伏の方向に向かって急角度に動き出していた」「新聞社にだけはこの情報が入っていた」、だが、「むしろ知らぬ顔をして、従来の『国体護持、一億団結』を表に出していった方がよかろうと、私は自分の編集方針を堅持していた」というものです。しかも編集総長の千葉雄次郎も政治部長の長谷部忠も同じ意見だと書いています。日本の降伏はわかっていたけれども、いままで戦えと書いてきた論調を急に変えるわけにはいかない、だからだんだんに変えていこうということになったというのですよ。

そのような右翼新聞の朝日が敗戦後、がらりと変わった。

門田 それはＧＨＱによる朝日に対する発行停止処分があったからなのです。鳩山一郎さんが原爆について「国際法違反、戦争犯罪」と言及したインタビュー記事を、昭和二〇（一九四五）年九月一五日に朝日新聞は掲載した。それがＧＨＱのプレスコードに引っかかり、九月一八日に二日間（一九日、二〇日）の発行停止命令を受けたわけです。

櫻井　それで朝日新聞は震えあがった。

門田　よく「一〇月革命」というふうに言われたりもしますが、それで朝日は翌月からまるで正反対の新聞になりました。ＧＨＱ絶対主義というか、旧日本を徹底的に攻撃する新聞に極端な変貌を遂げたのです。つまり大正デモクラシー派の新聞が、白虹事件で一八〇度振れて右翼新聞になり、今度は発行停止命令によって「ＧＨＱ絶対」になって、その流れでいままで来ている。

実は昭和三九（一九六四）年に、前年の暮れから始まった村山事件というものもありました。朝日新聞オーナーの村山一族と編集サイドが戦った事件ですが、それによって広岡知男さん（昭和四二年に朝日新聞社長）が権力を握った。

櫻井　親中派として知られていますね。

門田　そうです。この親中派、中国べったりの人が権力を握ったことが大きくて、その中で、朝日の紙面には本多勝一さんの連載「中国の旅」などが出てくることになります。

話を戻すと、昭和二〇年にGHQに発行停止命令を受けてから続いた朝日の編集方針は、二〇一四年の〝ダブル吉田事件〟で駄目だということが明らかになった。このときに、また変わればよかったのですが……。

櫻井 残念ながら……。

門田 全然変わらなかったですね（笑）。

特異な運動体

門田 私は朝日新聞に友人もいて、一緒に酒を酌み交わしたりもしますが、彼らには観念論が好きだという特徴があります。「俺は朝日の主張には賛成じゃないが」と言いながらも、やはり非常に心情左翼の人が多い。

櫻井 朝日OBで朝日を批判する人も、朝日時代はすごくよかったと言います。不思議でなりません。

門田 本来なら、ジャーナリストが忠実であるべきはファクト、事実です。その事実を追及するために、一所懸命に張り込んだり、手紙を出したり、取材相手を説得したりする。そうして取材をします。けれども、朝日新聞は自分の主義主張をずっと実現しようとしてきた特異な運動体なわけです。

櫻井　新聞社ではなくて運動体というのはピッタリですね。

門田　特異な運動体です。それが全盛を迎えたのは先ほど出た広岡知男さんの時代で、ちょうどベトナム戦争と重なっているときですね。ベトナム戦争で米軍が日本の基地から出て行く。ベトナム戦争には櫻井さんも含めてみんな反対だと思いますけれども……。

櫻井　私はその頃、ハワイ大学にいて、ベトナム戦争は学生の間でも議論されましたよ。アメリカでも反対運動が激しく起こりましたが、学生たちは様々に議論して決めつけるというようなことはありませんでした。キャンパスから軍隊に行っている人も数多くいたわけですから。

門田　なるほど。日本ではそのとき、ベトナム戦争に対する世の中の反応と一緒になって、朝日ジャーナリズムが全盛を迎えます。右手にゲバ棒、左手に『朝日ジャーナル』とよく言われた時代です。そのときから、「自分たちの主義主張はどこまでも押し進めるんだ」と、彼らはずっとやって来ているのです。

櫻井　ある意味、唯我独尊路線。

門田　そうです。その路線でずっときたのです。

しかし先ほど言ったように、二〇一四年にそれでは駄目だとなった。社長が謝罪をして辞任した。このとき、なぜ朝日の路線が駄目だということになったか。それはインターネットと無縁ではありません。

いままでは新聞やテレビが情報を独占していました。もっと言えば、記者クラブにいる人たちが情報を独占していて、その情報を自分たちのイデオロギー、主義主張に基づいて加工し、大衆に下げ渡していたわけです。それを大メディアはずっと続けてきた。

しかしインターネット時代が到来してしまったのです。インターネットによって、個人が情報発信をすることができるようになった。報道される当事者たちも、それぞれ情報発信できるようになったのです。加工された、ねじ曲がった記事について、いくらでも当事者が「それは違いますよ」と発信できるようになりました。

櫻井　だから朝日新聞が間違っていることがわかる。彼らの正体が分かってしまう。にもかかわらず、まだ同じ路線を続けた。これはなぜなのでしょうか。

門田　それは驕りです。

櫻井　驕りの源はなんでしょうか？　驕るためには自信がなければならないわけですが、どこに自信があるのでしょうか？

門田　自分たちが国を動かし、政治を動かし、世論を動かす。俺たちの言うことに大衆が逆らう必要はないんだという驕りですよ。

櫻井　私は朝日の報道は間違っていると思いますが、今回、彼らは確実に世論を動かしました。安倍内閣の支持率は二〇一七年一月に六〇％あったものが、同年七月には三〇％台にまで落ちました（産経・ＦＮＮ合同世論調査）。加計問題では、安倍さんに介入の余地がなかったにもかかわらず、まるで介入したかのように世の中に思い込ませた。いまでも多くの人が「安倍さんの介入があった」と思っています。

門田　地方講演に行くと、講演が終わった後などによく聞かれるのは、「門田さん、なぜ安倍さんはお友達に便宜をはかるのでしょうか？」ということです。ですから、「そういうファクトは何かありますか？」と逆に聞いています。一七年だけでも何度聞かれたかわかりませんよ。

そのとき、「加戸さんの証言、ご存じですか？」とも聞きますが、彼らは知りません。当然、知りませんよね。

櫻井　報道していないのですから。朝日の加戸発言報道は一般記事でゼロ行なのですからね。

門田　そこで「事実はこうですよ」と説明すると、ものすごくびっくりされます。私は別に親安倍でも反安倍でもありませんけれども……。

櫻井　「親事実」ですよね。

門田　そうです。ファクトに対して忠実なだけです。ですから親安倍でも反安倍でもなく、こんなファクトに基づかない報道がなされているのはおかしいと思っているだけです。

朝日こそが戦前回帰

櫻井　影つき文書写真のように物事を正反対に報じる朝日は問題ですが、そのほかの新聞も同様に問題です。そして、もっと問題なのはテレビ、特にＮＨＫですよ。

門田　これには驚きましたね。加戸証言をＮＨＫが報じなかったことに私はびっくりしました。なぜなら、ＮＨＫは自局で国会を生中継しているのですよ。加戸さんはご高齢だけれども、すごく論理的にそして事実を淡々と話していました。加戸さんは品格がありましたね。

櫻井　前川さんの行動などをいろいろ考えて国会での前川さんを見ると、どうしても下品に見えてしまいましたが、加戸さんは人格が上品でしたね。おのずとテレビの映像からにじみ出ていました。ＮＨＫはこの二人の国会での参考人としての証言は中継したけれども、ニュースでは加戸証言を全部省いてしまった。

門田　国会中継は午前中でしたから、一般の人は見られません。私や櫻井さんは仕事の一環として見ますが、一般の人は見ないわけです。一般の人はどうするかというとニュースで見る。これほど重要な証言ですから、当然、ニュースできちんと報じると思いますが、報じられない。これには櫻井さんもびっくりしたのでは？

櫻井　びっくりを超えて、背筋が寒くなりました。ＮＨＫは公共の電波を使用し、放送法第四条に基づき、公正な放送をするよう決められています。しかし、これを無視している。一方で、放送法第六四条で受信料を徴収することができるという……。

門田　その放送法は守っていますね（笑）。

櫻井　国民からお金を取るほうは守る（笑）。しかし自分たちの国民への責任が定められている第四条は守らない。ＮＨＫは国営ではありませんが、これが特別の待遇を得ている我が国の一番大きなネットワークのすることかと。

門田　驚きますね。

櫻井　ＮＨＫ、朝日、毎日が加戸証言をほとんど報じなかったことは、責任あるメディアがすることなのかと、本当に情けないと思いました。

門田　今回のことで、既存メディアが公平に報じていないことが明らかになった。それとともに、インターネットがなくてはならないものだということが証明されました。インターネットでは、加戸さんの証言がすべてを言い表しているということで非常に多くの方が見たり読んだりしていましたから。

しかし既存メディアはいちばん重要な証言をゼロにしてしまったわけで、ストローマン手法もここまでくるとすごいなと。

櫻井　まず朝日が報道する。朝日がいまだに権威だと思っている人はたくさんいます（笑）。それをたとえばテレビの報道がピックアップする。例えば朝のテレビのワイドショーを見ると、いろんな新聞の記事を読んで解説しています。

あんなふうにテレビが自社で取材をせずに、他の新聞の記事を読んだり解説したりする番組は日本だけなのではありませんか？

門田　それは日本のワイドショーではずっと前から行われています。

櫻井　それが当たり前みたいになっていますが、海外で、人の仕事を元に商売しているテレビ報道なんてないのではないでしょうか。

門田　でも、いま日本のワイドショーは全部そうです。週刊誌が報じたものも、そのままパクっているわけですから。

櫻井　テレビそのものが、新聞などのしもべになっている。独自の取材がない。そもそもワイドショーとはいったい何なんですか？

門田　ワイドショーの企画会議の場に行ったら、はい文春、はい新潮と、週刊誌がずらっと置かれていて、その中からどれを取り上げるかをピックアップする。そういうやり方です。

櫻井　他社の取材したものを材料にして、番組をつくっているのでしょ？　そんな無責任なことあり得るのでしょうか。

門田　それがワイドショーですから。

櫻井　そのワイドショーにいろんなタレントさんが出ていますね。いわゆる識者と言われる人も出ています。みんながみんな、その事象について知っているわけではないし、真相がわかっているわけではない。だからディレクターが「こういうコメントはどうですか？」と一定の方向性を与えることも考えられますね。

門田　シナリオ、放送台本がありますからね。

櫻井　その放送台本はどう作られるかと言うと、世論の流れがどこに向かっているかを見て、その世論に受けようとして作るわけでしょう？　すると一つの方向に向かうことになります。朝日から始まるのか毎日から始まるのかわかりませんが、ストローマン手法の報道で曲がっているものが元になり、テレビがそれをニュースやワイドショーで広げる。それがさらに今度は週刊誌や雑誌にも広がる。

門田　今回はすべての雑誌が安倍叩きに狂奔《きょうほん》しましたね。

櫻井　『週刊文春』も『週刊現代』も『週刊ポスト』も、あなたも私も非常に関係が深いので言いたくないですが『週刊新潮』も含めて、週刊誌はおよそみんな安倍叩きでした。『週刊現代』は〈「前川の乱」に激怒して安倍が使った「秘密警察」〉というタイトルもあった。安倍さんがいつ秘密警察を使ったんですか。本当にひどい報じ方です。それぞれ数十万部も部数がある日本の四大週刊誌がほとんど全部同じ論調でした。

門田　これはすごいことですよ。新聞、テレビ報道、テレビのワイドショー、週刊誌、月刊誌——『文藝春秋』本誌もそうでしたが——すべて同じでした。見事なくらい。

櫻井　同じメディアの現場にいる人間として、頭がクラクラしそうです。

門田　恐ろしくなりましたね。ファクトに基づかず、これが行われた。ということはたまたま今回安倍さんがターゲットになっただけで、別のことに対して行われるかもしれません。戦前の報道とはまさにこれだったのです。だから朝日がよく「戦前回帰」だというようなことを言いますが、自分たちがいま行っている報道こそが戦前にメディアが行ったこと、朝日が行ったことです。彼らはそれをいまも繰り返しているわけで、恐ろしいことです。戦前はテレビはなかったわけですが、これがいま加わってきて、ものすごいパワーになってしまっている。

ジャーナリストか活動家か

櫻井　しかし、有力なメディアの現場からは、社会を動かす力を発揮するためにはもっと角度をつけろという意見もあります。

門田　つまりは政治運動の一環として、自分たちはそれに邁進しているのだという誇りを持っている記者たちばかりになっているということです。

櫻井　誇りを持っている……？

門田　私達はどこまでも事実を追及する。しかし裏が取れなければそのネタはボツです。けれども、朝日をはじめとする人たちは、ファクトがなくても政権に打撃を与えられる記事ができれば、それが自分たちの誇りなのです。

櫻井　いま、門田さんと私が一緒に取材した特集のある場面を思い出していました。ある沖縄関係の特集でしたが、ちゃんとオンレコで取材をして、一所懸命、記事を書いた。しかし、校了するという時点になって取材相手から、インパクトが大きすぎるから証言を取り消させてくれと言われた。真っ青になりました。

門田　ゲラになって、まさに校了のときに言われましたね。

櫻井　もちろん取材相手とは、「あなたはオンレコで証言したのだから」という議論をしましたが、しかし、私達はその取材対象者の気持ちをなるべく受け入れようとしたわけです。努力して死ぬ思いで夜中すぎまでかかって書き直した。それだけ取材対象者、つまり誰が何を言ったかという事実を大事にしてきた立場から見ると、メディアが運動体になって、誇りを持つという理由がわからない。

門田　櫻井さんはまだ彼らをジャーナリストだと思っているからいけないのです(笑)。私はもうとっくに運動体、運動をやっている活動家だと思っています。

櫻井　朝日新聞やNHKはそこまで行ってしまった?

門田　NHKはまだその率は朝日に比べれば少ないですが、朝日の場合は活動家のほうが多いですね。つまりジャーナリストではなく、自分がどういうふうに書けば、たとえば安倍政権に打撃を与えることができる記事ができあがるのかということに邁進している。これはとてもじゃないですが、ジャーナリストではありません。朝日新聞の記者をジャーナリストだなんて思ったら駄目ですよ。運動家、活動家です。

櫻井　ここで思い出すのは、もう亡くなりましたが、元朝日新聞の記者で「女性国際戦犯法廷」を開いたりした松井やよりさんです。日本はいま歴史問題で国際的にすごく責められているわけです。その原点の一つが慰安婦問題であり、彼らの言うところの戦争における日本軍の残虐行為です。まさに日本を糾弾するために活動した松井やよりさんは、先ほども話題にあがった長谷川さんの本の中に登場します。

門田　長谷川さんと同期ですね。

櫻井　そうです。長谷川さんの本の中に、こういう話が出てきます。

松井さんがシンガポールの特派員だったときに、マレーシアの山奥で旧日本軍が「民衆虐殺」を行ったという告発記事を書いていた。

その後、長谷川さんは九一年一一月に、日本の対米英開戦五〇周年に関する取材で、松井さんの告発記事の現地であるヌグリスンビラン州を訪れたそうです。そこで中年の華人から思いがけない訴えを聞いた。朝日新聞のマツイという女性がきた、虐殺は日本軍がやったことにしておきなさい、かまわない、と言ったというわけです。長谷川さんは本当に「おののいた」と。同じ朝日新聞の記者で、同期で親しかった人が、そんなことを言ったのかとおののいたわけです。

この松井さんたちが一所懸命、運動、活動したのが慰安婦問題でした。それがいまのような事実に基づかない日本の不名誉につながっている。門田さんが活動家だと言っているのはこういう人たちのことですね。

門田　慰安婦問題にしても、初めて名乗り出た元慰安婦である金学順さんは、四〇円で自分はキーセンに売られたときちんと言っています。朝日新聞がそれを記事にしなかっただけです。要するに、「強制連行の被害者」としてでっち上げたわけです。彼女自身はきちんと「売られた」事実を言っているわけですから、大きな問題にして日本に打撃を与える方向に記事を持って行くためには、朝日新聞としてはそれをネグって書かなければいけない、ということになる。

これは果たしてジャーナリストなのか、活動家なのか。

櫻井　ジャーナリストだとは思いませんよ。でもジャーナリズムという形で朝日新聞は存在していて、彼らの世界の中にはさっきも触れましたが、これでいいのだという意見がある。社会を変える、国を変える原動力になる問題提起をすればいい、それが我々の役割だというのです。

門田　それは自分たちで満足しているのです。だから私はジャーナリストではないと言っているわけです。たとえば原発活動家だといったほうがいいのではないかという記者達がファクトではなく、自分の主張のために新聞を利用しているだけですから。

「ウソ」で「虚報」だった報道

櫻井　彼らは自分たちだけが正しいと思い込んでいて、自分たちの路線が正しいと思い込んでいるのかもしれない。いまの世界の現状を見たときに、どうしてそういう思い込みを持ち続けられるのか。それも不思議です。

門田　それは言っても詮無いことです（笑）。私は彼らを自己陶酔型シャッター症候群と呼んでいますが、彼らは自分たちに酔っているわけです。自己陶酔している。私達はペンで戦争したい人達と戦っているのだ、俺たちがペンで戦っているから戦争は起こっていないのだというふうに思い込んでいるのです。

世界の情勢、事実関係から見たら、それがいかにおかしいかが私達にはわかる。しかし彼らにはわからない。彼らがなぜわからないかというと、そういう事実関係には全部シャッターを下ろしているからです。

櫻井　本当に詮無いことですねぇ。現実も事実も見ない。

門田　そうです。だから活動家たちは自己陶酔のままずっと活動を続けて来ている。その人達はそこからもう抜け出すことはできないのです。だから私は二〇一四年のあのときに、木村伊量社長が辞任し、編集幹部も更迭され、私の事務所に執行役員が来て謝罪していきましたが、彼らは絶対に「変わることはできない」と思いましたね。

櫻井　あのとき、門田さんは朝日紙面で脅しをかけられましたね。

〈朝日新聞は9日、週刊ポスト（小学館）が6月20日号に掲載したノンフィクション作家門田隆将氏による記事「朝日新聞『吉田調書』スクープは従軍慰安婦虚報と同じだ」について、報道機関としての朝日新聞社の名誉と信用を著しく毀損するとして厳重に抗議し、訂正と謝罪の記事の掲載を求める文書を送った。

門田氏は朝日新聞が5月20日付で報じた「所長命令に違反　原発撤退／政府事故調の『吉田調書』入手」の記事について「『誤報』である、ということを言わせていただきたい」などと批判した。これに対し朝日新聞社は「記事は確かな取材に基づいており、『虚報』『誤報』との指摘は誤っている」と指摘した〉（二〇一四年六月一〇日、朝日新聞）

翌日にも今度は光文社の『FLASH』の記事に対して朝日は同じような記事を掲載しました。

〈朝日新聞社は10日、写真週刊誌「FLASH」（光文社）が「吉田調書」に関して6月24日号に掲載した記事「『東電フクシマ所員9割逃亡』朝日新聞1面スクープのウソ」について、報道機関としての朝日新聞社の名誉と信用を著しく毀損するとして厳重に抗議し、訂正と謝罪の記事の掲載を求める文書を送った。記事には「朝日新聞の

〝虚報〟が世界に拡散されていく」などの記述があり、朝日新聞社は「記事は確かな取材に基づいており、『ウソ』『虚報』との指摘は誤っている」と指摘した〉（二〇一四年六月一一日、朝日新聞）

朝日はいろいろ言ってきたけれど、彼らの報道は、実際には「ウソ」で「虚報」だった。そのうえ、大新聞が門田さんを名指しで脅した。

門田　そうです。謝ったけれども私は彼らの病は治らないと思いました。だって、ジャーナリストではなく、活動家ですから。憎き安倍を倒すためにはどうすればいいか、何と何をつなげて、どう報じればいいか、ということを考えて実行する人達ですからね。

反安倍も親安倍も関係なくファクトを一所懸命掘り下げることがいま、少なくなっています。

「戦争を起こすのは常に日本」

櫻井　いまは国内のファクトだけでは到底、日本はやっていけないですよ。アメリカのファクト、中国のファクト、朝鮮半島のファクトを見たら、いま日本はファクトもないようなことにかかずりあってる暇はありません。

門田　核弾頭の小型化と起爆装置の開発がなされて、一年後か二年後かわかりませんが、北朝鮮が核弾頭ミサイルの開発に成功したときには、日本人は彼らともう交渉できる余地がないですからね。

櫻井　すでに交渉が成り立たない状況に私達が立ち至っていることを、どれだけの日本国民が認識しているのか。それをメディアはきちんと伝えているか。

門田　それにどう対処するのか。平和的に、対話で、と言っていますが、自分たちの生存が危うくなってきていて、リミットは核弾頭の小型化と起爆装置の開発が成功するときまで、です。にもかかわらずまだ、Ｊアラートを鳴らすのはおかしいとか、机の下に潜ったりするのは竹槍で戦うようなものだとか、日本は対話の道を模索しなければならないとか、そんなことばかり言っている。

櫻井　シャッター症候群になっているとしても、彼らだって、目は見えるし耳は聞こえるでしょうに……。

門田　彼らにとっては、戦争したい主体は「日本」なのです。一七年八月一五日の社説に日本は戦前に似た空気になっていると書いてありました。朝日の社説〈72年目の8月15日　色あせぬ歴史の教訓〉には次のような記述があります。

〈それでも近年、そうした歴史に通じた人々から「戦前と似た空気」を指摘する声が相次ぐ。

　安保法制や「共謀罪」法が象徴のように言われるが、それだけでない。もっと奥底にあるもの、いきすぎた自国第一主義、他国や他民族を蔑視する言動、「個」よりも「公の秩序」を優先すべきだという考え、権力が設定した国益や価値観に異を唱えることを許さない風潮など、危うさが社会を覆う。

「歴史をつくる人間の考え方や精神はそうそう変わらない」と、半藤さんは警告する〉（二〇一七年八月一五日、朝日新聞）

　中国が尖閣を取りに来たり、北朝鮮が核開発で脅威を与えたり、実際にミサイルを撃ったり、ということではなくて、日本がいかに危機的状況にあるかということを主張しているのです。朝日だけでなく、毎日も東京もそうです。

　戦争を起こすのは、自己陶酔型シャッター症候群の人にとっては、常に日本なのです。

櫻井　通じない議論ですよ（笑）。

門田　でも、実際そう書いているのですから（笑）。それが自己陶酔型シャッター症候群のシャッター症候群たるゆえんです。戦後七〇年に及ぶ日本と日本国民の平和への道と努力をここまでバカにするのか、と逆に呆れてしまいますよね。

ブログから「朝日の謝罪」へ

櫻井　理解不能なメンタリティーを持つ、有力メディアに対して、私達の戦い方は、どうあるべきか。

門田　今回、インターネットがなかったら、安倍政権は吹っ飛んでいたでしょう。インターネットがあるから、今回は真実がたくさん出てきました。たとえば国家戦略特区ワーキンググループの記者会見は、一般のメディアには報じられていませんがインターネットでは拡散されていました。

櫻井　この前、大阪でタクシーに乗ったら、運転手さんが若い方で、「いつも言論テレビ見ています」と言われてすごく嬉しかったのですが、安倍さんのことをかわいそうだと言っていました。「あなたのご両親はどうですか?」と聞いたら、「うちの両親はテレビしか見ないから自分でネットではこうだということを教えてあげている。でもなかなかそこのところのコミュニケーションがとれない」と言っていました。明らかに世代間格差というのが生まれています。

門田　私は大学でジャーナリズム論を教えたりしているので、大学生の話を紹介すると、彼らは新聞は信じていない。彼らと話していたら、二〇年後に新聞はないだろうと言っていますね。

櫻井　朝日新聞の方々、二〇年後に新聞はありません（笑）。

門田　彼らは新聞とはそういうものだと思っているのです。だから、自分たちが四〇歳になったときに、新聞を取ることは絶対にないと断言しています。新聞は主張ばかりして、事実が報じられているかどうも怪しいというわけです。

彼らは、櫻井よしこさんはどう書いたのか、門田隆将はどう書いたか、いろんな署名原稿を見て、その情報の信用度を判断していく力、つまり情報リテラシー、情報能力をネットの中で培《つちか》ってきているわけです。ですから、いまから新聞を信じるなどということはないですよ。

櫻井　それでも、新聞はまだかなり大きな影響力を持っています。それに対して私達はネットで戦うしかありません。新聞が嫌な人は取らなければいいわけですが、問題はテレビです。

NHKはどうしますか。法律によって受信料を払わされているにもかかわらず、彼らは六四条については請求しながら、四条については全然守っていない。

門田　それは我々の仕事ですよね。

例えば、二〇一七年八月一四日、NHKスペシャル「樺太地上戦　終戦後7日間の悲劇」で、サハリンの引き揚げについて放送していたのですが、驚きました。終戦後、サハリンは悲惨だったというドキュメンタリーで、ＮＨＫのウェブサイトの説明には〈昭和20年8月、終戦後にも関《ママ》わらず、住民を巻き込んだ地上戦が1週間にわたって続き、５０００人とも６０００人とも言われる人たちが命を落とした〉とあります。

しかし、それ以前、八月九日、一〇日、一一日と日本領土にソ連が押し寄せてくるわけですよね。昭和二〇年八月九日、ソ連は日ソ中立条約を一方的に破棄して満州に侵攻し、一一日には樺太に攻め込んだ。それを全部ネグって、八月一五日以降に日本が住民をたきつけて、地上戦をして多くの人が死んでいったというわけです。歴史の途中から、都合良く切り取って、ピックアップして放送している。

櫻井　何でも日本を悪く見せたい。

門田　そうです。これはびっくりしました。八月九日、一〇日、一一日とソ連の攻撃やそれに伴う当時の状況があり、終戦後もソ連は攻撃をやめず、引き揚げに至っている。そこからきちんと説明すればいいのに、そう説明すると日本を悪く見せることができないものだから途中から説明を始めるのです。

櫻井　先ほどの五月一七日の朝日のシャドーつき文書写真と同じですね。彼らにとって都合の悪いところは省いてしまう。

門田　現場のディレクターの上に立つ人、デスククラスがもう少し見識を持たないと、こんなデタラメな番組が今後も流されていくわけです。インターネットで、このような「おかしい番組があった」と常に発信していかなければなりません。櫻井さんの役割は大きいと思いますよ。

櫻井　門田さんの役割もね（笑）。

門田　二〇一四年の私の朝日新聞との戦いも、最初はブログから始まりました。ブログで書いたことが、最後は木村伊量社長が辞任して記者会見をするまでになっていったのです。

櫻井　ブログから始めて、朝日を謝罪させ、訂正させた。ネットを使って、もっともっと力を注いでメディアのおかしさを指摘していくことができます。お互いに頑張りどきですね。

（二〇一七年九月一日放送）

第6章

民主主義のために「朝日、死ね」

足立康史×花田紀凱

足立康史（あだち・やすし）

1965年、大阪府出身。衆議院議員。日本維新の会所属。京都大学工学部、同大学院工学研究科修了後、1990年通商産業省（現・経済産業省）入省。2011年同省退職後、みんなの党を経て日本維新の会に参加。2012年初当選。衆議院災害対策特別委員会理事、党・政務調査副会長、幹事長代理などを歴任。

著書に『永田町アホばか列伝』（悟空出版）、生田與克氏、和田政宗氏との共著に『報道特注（本）』（扶桑社）。

朝日が社説で批判

花田　足立さんは二〇一七（平成二九）年一一月一一日、自身のツイッターに「朝日新聞、死ね」と投稿して、左派マスコミから集中攻撃を受けました。これは一一日付の朝日新聞朝刊の社説が、文部科学省の審議会が加計学園の獣医学部の新設を認める答申をしたことについて「『総理のご意向』をめぐる疑いが晴れたことには、まったくならない」と指摘したことを受けてのツイートです。

朝日新聞が今、反攻大作戦に出ていて、『徹底検証「森友・加計事件」――朝日新聞による戦後最大級の報道犯罪』で朝日の報道を追及した著者の小川榮太郎さんや、その本の版元であるわが社（飛鳥新社）、それから『週刊新潮』『月刊正論』の高山正之さんのコラムなどに朝日から一斉に抗議文が来ています。

足立さんもその一人で、「朝日新聞、死ね」ツイートへの朝日新聞からの抗議文だけではなく、社説〈政治家の言論　その荒廃ぶりを憂える〉（朝日新聞、一七年一一月一八日）でも取り上げられました。社説で名指しで取り上げられた政治家は、あまりいないですよ。初めてではないかと思います。

足立　私は元官僚の一介の議員です。ただ、本音で発言をしています。

花田　本質をズバッとついた発言だから人気がある。

花田紀凱

足立　そんな私の発言を大朝日新聞の社説に大きく取り上げて頂いた。社説は簡単に言えば「足立康史と安倍晋三けしからん」というもので、総理の「こんな人たちに負けるわけにはいかない」と共に論じられて大変光栄なことだと思っています。

花田　朝日新聞の社説の前半は次のようなものです。

〈政治は言葉だ、といわれる。みずからの理念を人の心にどう響かせるか。それが問われる政治の営みが、すさんでいる。

加計学園の獣医学部問題を審議した衆院文部科学委員会で、聞くに堪えぬ発言があった。

他の政党の議員3人を名指しし、日本維新の会の足立康史氏が「犯罪者だと思っていま

足立康史

す」と述べた。相応の論拠を示さないままの中傷である。

各党から抗議されると「陳謝し撤回したい」とすぐに応じた。その軽薄さに驚く。言論の府を何だと思っているのか。

憲法は議員の国会内での言動に免責特権を認めている。多様な考えをもつ議員の自由な言論を保障するためだ。低劣な罵（ののし）りを許容するためではない〉

この社説の前半は、一一月一五日、衆議院文部科学委員会の質問の中で、立憲民主党の福山哲郎幹事長と希望の党の玉木雄一郎代表、自民党の石破茂元幹事長に対する足立さんの発言について書かれています。

そもそもこの三人に犯罪者の疑惑があるとはどういうことでしょうか。

足立　玉木議員は二〇一二年一二月、福山議員は二〇一〇年八月、日本獣医師政治連盟からそれぞれ一〇〇万円の献金を受けています。そして国会で加計問題について獣医師会寄りの質問もしている。この二点から見て、もし仮に「金品を受け取ったことを受けて権限を行使した」場合、つまり「国会質問を権限の行使」と見なせば、受託収賄に問われる可能性があります。

こういう疑いがあると、私は今でも思っているので、そのように発言したわけです。過去には似たようなケースで立件された事件もあったので、「疑いがある」という言い方は間違っていないと思います。

石破茂氏の疑い

花田　特に玉木議員は、お父さんも弟さんも獣医師です。獣医師サイドの意向を受けて、いろいろと質問をしたと疑われても仕方ないですね。

足立　玉木さんは、二〇一〇年五月には自身のツイッターで「産業動物の獣医が不足している」と発言しながら、二〇一五年六月には日本獣医師会の総会に出席してこう述べています。

「教育の分野、あるいは医療の分野は、そもそも特区として、地域の例外を作り、進めるべき話ではないと思います。もし、おかしな方向に向かいそうになった際は、しっかりと止める」

花田　獣医師は足りていないけれども、特区は進めないと。

足立　玉木議員はもともと「獣医師の総数は足りている」が「公務員獣医師は不足している」という主張で、それは現在も変わっていないと弁明しています。仮に考えが変わろうがそれはいいのですが、問題は、献金をもらったことで発言の内容を変えたかどうかです。

献金をもらって、自分の考え方とは違う質問をしたとすれば、それは疑惑が出てきます。そういう意味で、委員会で「犯罪者だと思っている」と発言しました。

花田　「犯罪者」という言葉は撤回したようですね。

足立　委員会の短い時間の中で、何度か「犯罪者だと思っている」「犯罪者の疑いがある」という言葉を端折ってしまい、「疑い」を抜いて断定口調で言ってしまったものがあります。「犯罪者」と断定しているかのように受け取られた表現については、謝罪して撤回しています。

花田　石破さんは何が問題だったのですか。

足立　石破議員も日本獣医師政治連盟から二〇一二年一二月に一〇〇万円の献金を受

けています。そして、いわゆる獣医学部新設に関する「石破４条件」があります。（１）現在の提案主体による既存の獣医師養成でない構想が具体化（２）ライフサイエンスなどの獣医師が新たに対応すべき分野における具体的な需要が明らか（３）既存の大学・学部では対応が困難な場合（４）近年の獣医師の需要の動向も考慮しつつ、全国的見地から本年度内に検討――という条件です。

これは石破さんが地方創生担当相だった二〇一五年六月三〇日に閣議決定されたものなのでそう呼ばれていますが、ご本人は自分の名前で呼ばれることを嫌っていて、あれは閣議決定だから連帯して責任を負っている、「石破４条件」ではないとおっしゃいます。

でも、地方創生大臣として石破さんがこの条件の設定に関わったことは確かです。獣医師会側は、石破さんに献金をしています。その上で、石破さんが、誰も乗り越えることができないようなハードルを設定してくれたと感謝しているわけです。

花田　それは獣医師会のホームページにも「日本獣医師政治連盟の活動報告」として掲載されていました。閣議決定といっても一度に何本と出てくるので、総理が精査する時間もない。逆に言うと石破氏はそれを狙ってまぎれ込ませた疑いもあります。

足立　ただ、石破氏の追及に関しては戦略上、全面的に撤回しています。今回私が唯一失敗したと思っているのは、野党から与党、さらには朝日新聞まで全部を攻撃、追及してしまったことです。野党、与党、メディアの三方向に向けての正面作戦を一気に立ち上げてしまった（笑）。

花田　それぞれ各個撃破すればよかった（笑）。

足立　三方向すべてから跳ね返りがあり、さすがにちょっともたないな、と。そこでいったん、石破氏については撤収しました。与党は過半数を持っていますからね。

花田　撤収するというのはどういう意味？

足立　石破さんについては、撤回して謝罪しています。でもそれは、当時の石破地方創生大臣に疑惑がないと言っているのではありません。

まずは立憲民主党をはじめとする「無責任野党」との戦い、それからメディアとの戦いに兵力を集中させたいということです。与党との戦いは、また別の機会に、追及をしっかりしていきたいと思っています。そこだけはきちんと申し上げておきたい。

辻元議員の疑惑は撤回しない

花田　足立さんの発言後の対処に野党は納得していないのでは？

足立　特に立憲民主党国会対策委員長の辻元清美さんが納得していないようです

（笑）。同じ質問の中で、森友学園をめぐって「（辻元氏の）生コンに係る疑惑、野田中央公園に関する疑惑を追及していく」とも発言しました。この件については、二〇一七年三月に衆院国土交通委員会でも指摘しましたが、今回改めて「犯罪者だと思っている」と述べたのと同じ文部科学委員会で発言したのです。

森友学園の建設予定地の隣りに野田中央公園というものがあります。これは、民主党が政権についてから半年後の二〇一〇年三月、豊中市に約一四億円の補助金が交付されて近畿財務局から払い下げられている。一四億円を審査・交付した時の国土交通大臣は前原誠司氏、担当副大臣は辻元氏、担当政務官も大阪が選挙区だった長安豊氏です。

森友と野田中央公園の二つの土地は道を挟んで隣り合っている。地歴も似ていて、広さも大体同じくらいです。これは近畿財務局が払い下げる時、不動産鑑定士が鑑定して両方とも約九億円でした。それが、森友は一億円ちょっとまで値下げされた。逆に野田中央公園は一四億円まで値上げされているのです。これはそもそも地域の実勢から出てきた価格ではありません。

花田　作られた人工的な数字。

足立　そうです。それで豊中市は補助金に二〇〇〇万円ほど上乗せして約一四億二〇〇〇万円でこの土地を取得している。つまり、豊中市は森友学園より低い約二〇〇〇万円しか払っていないのです。「無責任野党」とアホの会計検査院は、森友への値引きが過ぎた、と言いがかりをつけていますが、詐欺の容疑者である籠池泰典氏に恫喝され、ぎりぎりの見積もりを重ねた結果が森友に提示した金額だったというのが本質だと思います。

花田　辻元氏は反論してますね。

足立　あくまで自民党政権時の決定だと言い張ってますが、違います。制度の創設は自民党政権時の補正予算でも、豊中市に一四億円を審査・交付したのは民主党政権になってからです。だから森友を議論するのだったら、野田中央公園も併せてやるべきなのです。何が出てくるか。というのが、私の興味のあるところですね。

花田　一七年一一月二二日の会計検査院の報告についてはどうですか。

足立　読む価値はないですね。民進党が追及していたような、四の五の細かいところを上げているだけで、結局、何が言いたいのかわからない。

花田　要するに、会計検査院は廃棄物の処理にはあんなにお金がかからない、と言っているわけですよね。

足立　それにも根拠はあまりないと思います。もともと廃棄物など関係なしで普通に鑑定すると、九億円なのです。それに地歴やいろいろなことを勘案するとだいぶ下がる。そういうことを会計検査院は分かっていません。

これは今後、国会でやろうと思いますが、結局、近畿財務局が森友の土地を九億円だと言い、豊中市は一四億円で買うとなった。これに全部、不動産鑑定士がかんでいる。Aという鑑定士に頼むと九億円、Bという鑑定士に頼むと一四億円になってしまう。同様の事例は全国の公共工事でたくさんある。セカンドオピニオンを取っていないのです。

花田　生コン疑惑については？　これは辻元さんも積極的には説明していませんね。

足立　森友問題で明らかになった籠池夫人が安倍昭恵さんに送ったメールに書かれていた疑惑です。「嘘の証言した男は辻本《ママ》と仲良しの関西生コン（編集註／連帯ユニオン関西地区生コン支部とみられる）の人間でした」。辻元議員と関西生コンの関係は国民の間では「疑惑がいまだ晴れていない」部分です。

花田　辻元氏は否定している（笑）。

足立　立憲民主党に謝罪に伺った時に、辻元さんからは生コン発言についても併せて撤回して謝罪するよう求められたのです。でも、生コン疑惑と今回の表現の問題とはまったく異なる話です。その場で「撤回しません」とお断りしました。すると、間髪を容れず、立憲民主党単独で私に対する懲罰動議が衆院事務局に提出されたというわけです。

花田　提出された動議はどうなるのですか？

足立　懲罰動議というのは、衆議院なら四〇人以上、参議院なら二〇人以上で出せます。だから立憲民主党は単独でも出せるのです。ただ、自民党など与党も賛成しないと懲罰委員会はセットされません。だから結局、野党も言いっぱなしで、それを受け止めるための委員会は立ち上がらない。法案で言うと、いわゆる「つるしが降りない」という状態です。だから気にしなくていい（笑）。

花田　結局、森友問題とは何だったのでしょう。

足立　課題を抽出しようと思えば、二つあると思います。一つは、民主党政権時代の辻元副大臣、長安政務官の関わりです。政権交代があって民主党政権が進んでいく中で、いろいろな動きが各地域であったのではないでしょうか。

もう一つは、先ほど申し上げた不動産鑑定士の問題です。これは、日本の公共事業全体に影響を与えており大変重要な論点になると思っています。頼む人によって幅が出るのであれば、いったい日本は、どういう根拠で公共工事などが進んできたのか。

花田　やっぱりクロスチェックすべきですよね。

足立　そうです。いま社会や、朝日新聞が追及している問題はまったくナンセンスです。会計検査院の報告書を読む必要はありません。安倍首相なんてまったく関係ありません。大事なのは、辻元さんであり、不動産鑑定の仕組み。この二つが重要だと思います。

「朝日、死ね」の真意

花田　足立さんを名指しで批判した朝日新聞の社説は、先ほど紹介した部分の後、次のように続きます。

〈これまでも、他党に対し「アホ」「ふざけるなよ、お前ら」などと繰り返し、懲罰動議を受けてきた人物である。

一向に改めないのは、黙認する雰囲気が国会内にあるからではないか。

同じ委員会で、朝日新聞への批判もした。「総理のご意向」などと記された文部科学省の文書を報じた記事について「捏造（ねつぞう）だ」と決めつけた。

自身のツイッターでは、「朝日新聞、死ね」と書いている。

加計問題の報道は確かな取材に基づくものだ。記事や社説などへの意見や批判は、もちろん真摯（しんし）に受け止める。

だが、「死ね」という言葉には、感情的な敵意のほかにくみ取るものはない〉（朝日新聞社説「政治家の言論　その荒廃ぶりを憂える」、二〇一七年一一月一八日）

そもそも足立さんがツイートされた「朝日新聞、死ね」は、森友・加計問題についての朝日の報道に関して、ということですよね。

足立　そうです。一七年一一月一一日に「朝日新聞、死ね」とつぶやきましたが、その日の朝日新聞が掲載した社説〈「加計」開学へ　これで落着とはならぬ〉についての反応です。選挙も終わり、北朝鮮情勢が緊迫している中、まだ朝日はやるのか、という怒りの表明でもありました。

花田　「朝日新聞、死ね」は、やはり、あの山尾志桜里さんの国会質問で有名になった、「日本死ね」をもじったものでしょう。山尾さんの「日本死ね」については何も批判しないどころか、むしろ持ち上げていた。

足立　二〇一六年二月、匿名ブログに書かれた「保育園落ちた日本死ね！！！」は、待機児童に関する問題提起だと話題になり、メディアで騒がれ、国会に持ち込まれました。

花田　二〇一六年の流行語大賞の一つにも選ばれました。

足立　そうです。つまり、日本社会はあの言葉を容認しただけではなく、讃えたのです。私自身は、いろいろなところで申し上げていますが、「死ね」という言葉が、社会でも、国会でも、適切な言葉だとは到底思ってはいません。でも国会は山尾さんが取り上げた時に「日本死ね」を容認したわけです。

そうであれば、私は不適切な言葉だと思っているけれども、日本社会とメディア、国会が、それを容認するのであれば、そこまで私の辞書を広げて、最も厳しい言葉で朝日新聞を非難したということです。

花田 要するに、「朝日廃刊しろ」ということですね。

足立 そうです。でも橋下徹（前大阪市長）さんからは怒られました。「死ねはあかんよ。『廃業しろ』にしなさい」と言われました。

だから「廃業しろ」にしようかなと思っています。

これは釈迦に説法ですが、朝日はさまざまな誤報や捏造と言われても仕方がない報道を繰り返してきました。その直近の例がやはり森友・加計問題。

花田 足立さんは森友学園問題の土地の近くが地元でもありますから、かなり深く知っていらっしゃると思うのですが、朝日の報道はどういう点がおかしいですか。

足立 濡れ衣やレッテルのオンパレードですね。この森友・加計問題について朝日や野党が追及していることは、まったく筋違いなのです。

実は私の選挙区の東隣が辻元さんの選挙区、南隣が引退された上西小百合さんの選挙区と森友学園のある選挙区です。大変な場所に地元がある（笑）。いや、たまたまそういう地域なのです。

森友学園の土地は、伊丹空港（大阪国際空港）からの飛行機が飛ぶところなので、騒音の問題がまずあるわけです。さらに地歴というものがある。

花田　もともと沼地だったので、そこにごみを捨てたりしていた。

足立　廃棄物処理法は私が生まれた昭和四〇年代にできました。それ以前は廃棄物、ごみは適当に道の脇に捨てていたようなものです。極端に言えば、そういう時代でした。池があったら、そこに放り込んでいたわけです。それは別に今問題になっている地域だけではなく、全国にそういう場所があった。

でも、そのような問題もあり、結論としてはあそこの土地はそれほど高い値がつくようなものでは最初からないということです。

花田　むしろ国としては早く手放したい土地。手放して固定資産税などをもらったほうが割りに合うということですね。

足立　そうです。加えて、やはり森友学園の籠池泰典夫妻という、とんでもない詐欺集団に近畿財務局がつかまったわけです。

学校法人の理事長や社会福祉法人の代表はいわゆる性善説で見る。国や地方公共団体において、学校法人や社会福祉法人については性善説で制度をつくってきたわけです。だからチェックする人がいなかった。そこにあれだけの詐欺師が出てきて、それが財務省の理財局、近畿財務局に抱きついて脅して、「もしこれで開校が遅れたら訴訟するぞ」と恫喝したわけです。誰もそれを守ってあげることができなかった。財務省も、もう少し毅然としていればよかったのです。

一方で、籠池前理事長との会話を録音された音声データが出てきている。限りなく土地代をゼロに近くするというような会話の内容です。財務省もアホだと思いますが、彼らが滅茶苦茶悪いことをしたわけではないのです。

ましてや安倍総理や昭恵夫人が関わっていることはまずありません。

花田　近畿財務局の問題です。総理が関わっているはずがない。「忖度」という言葉も流行りましたが。

足立　「忖度」するのは、当たり前でしょう。総理大臣は、選挙で選ばれた衆院議員の多数派が首班指名します。その総理大臣が各大臣を指名する。つまり総理大臣が作った閣僚であり、その下で官僚は仕事をしているわけですから、私達は役人時代、二四時間、三六五日、「忖度」して仕事をしていました。

花田　忖度できない役人は無能ということになる。

足立　それが民主主義の基本です。役人が国民の代表である政治家を「忖度」しなくなったら民主主義は終わりです。

朝日と野党はまだやるのか

花田　加計学園をめぐっては、朝日新聞が問題にしていたのは、前川さんが朝日に持ち込んだと言われる、いわゆる「総理のご意向」報道。これは一七年五月一七日付朝刊で報じられました。

足立　私はまさに同じ衆議院文部科学委員会の質問の中で、この紙面を配ったのですよ。ポイントは、一パラグラフ目に「総理のご意向」とカギカッコ付きで書いてある。これは、特区を使って規制改革をスピード感を持ってやろうということなのです。普通に読めば分かることです。加えて、文書を写した写真の影で隠した部分に、こうすれば安倍総理の指示のように見えるよね、という趣旨のことが書いてある。

花田　簡単に言うとそうです。

足立　「こうすれば総理の指示に見える」ということは、総理の指示ではありません。この文書に「新学部は総理の意向ではない」ことを強く示唆する文章があるのに、それを影で隠して、「総理の意向」を見出しに使う朝日新聞というのは、これは完全に意図的な「捏造」、実際にはありもしない事柄を事実であるかのように作り上げたとしか表現のしようがない。

この記事の問題点は当初から、多くの方が指摘されてきました。ただ、私が改めてこの問題に光を当てたのには理由があります。実は私の前に、共産党と無所属の会、それに希望の党と立憲民主党が質問をし、最後に私の番が回ってきた。立憲、共産党はもう諦めていますが、実は私は希望の党には「民進党とは違う党に生まれ変わったのだから」とかすかな希望を持っていた。少しはまともな質問をしてくれるかなという希望です。なぜなら、総選挙後の初質疑ですから。

花田 それは、足立さん、甘い（笑）。

足立 でもそれは簡単に打ち砕かれました。出てきたのが、今井雅人議員という議員会館で隣りの部屋の人。実は左隣りは志位和夫委員長です。

花田 どうもそういう人たちが隣りにくる運命なのかな（笑）。

足立 その今井衆院議員と、同じく希望の党の山井和則衆院議員が質問に立ったのですが、選挙前とまったく変わらない質問。何ら新しい証拠や資料を示さず、「モリカケ、モリカケ」です。

花田　半年も延々とやってきて、また、という足立さんの気持ちはよくわかる。

足立　だから朝日の紙面を配って、強い言葉で野党議員を追及したわけです。

なぜ「モリカケ、モリカケ」というような何ら新しい証拠を示さない無責任な野党の質問がいまだに行われているのか。現在、国会では野党による議員立法は審議されることがほとんどないため、野党が答弁義務を負う場面がないからです。対政府であれば質問できますが、対野党では質問することもできない。

花田　与野党の質問時間をめぐる攻防もありましたね。

足立　与野党の質問時間については、私はこう思っています。議院内閣制ですから政府が出す法案、いわゆる閣法は政府・与党があまり質問しなくていい。これは、自分達が作った法案だから当たり前で、二対八の時間配分でもいいと思います。

しかし、野党の議員立法を審議するときには、逆に与党が八、野党が二であっていい。自民、公明党の議員が、野党の議員立法について質問する。そうすればいいのですが、野党の議員立法はほとんど審議されていません。

時間がないというのなら、例えば総理大臣が外遊しているときに、野党の法案を審議すればいい。野党の「影の内閣」の大臣や、野党の玉木代表、辻元国対委員長といった四役が答弁義務を負うような時間を国会に作るべきだと思います。野党であっても問題提起を含めて議論をしようよ、と訴える。私はそういう立場です。

花田　それは本当にしたほうがいいと思います。今の野党議員は、自分達がテレビカメラに映ればいいというだけで、愚にもつかない質問を繰り返しています。これは意味がない。

あともう一つ、いつも予算委員会などに総理大臣がいなければならないという制度は改めたほうがいい。一日十数時間も委員会に張り付けられていたら、総理大臣がゆっくり物事を考える時間がないですよ。各国首脳の国会出席時間を比較すると日本の一二七日がダントツで、イギリス三六日、フランス一二日、ドイツ一一日です。

足立　希望、立憲、民進、共産の「無責任野党」がしている質問は、私に言わせれば議員会館に役人を呼んで聞けば済むようなのばかりです。事実関係は事前に調べればいい。事実関係を踏まえて、見識や政見を問うのが国会論戦だと思います。あんなことを続けているようなら国会なんていらない。

花田　本当に時間が無駄なのです。アメリカ大統領は議会に出席しません。

足立　そういうわけで「モリカケ」をまだやるのか、と私は憤った。朝日新聞は、まだやるつもりでしょう。しかし、かすかな希望を持っていた希望の党に対しても、「まだやるか」という思いが私にはありました。その私の暗澹たる絶望感が、私に

「犯罪者の疑い」や「朝日、死ね」、あるいは「捏造」という言葉を言わしめた。
それが今回の一連の顛末、経緯です。

花田　先ほど足立さんがおっしゃったように、野党が国会で質問をしたいのであれば、何か新しい材料を見つけてこなければならないけど、それはまったくない。同じことの繰り返しです。それで「総理のご意向はあったのか」などと言っていてもどうしようもない。

足立　このままいくと、森友・加計問題で朝日と一緒になって国会で騒いでいた政治家が多数派をとって政府を作ることはあり得ないと思います。

「ちょっと待ってほしい」

花田　朝日は二〇一七年一一月一八日の社説が足立批判で、翌一九日の社説が吉村洋文・大阪市長の批判でした。例の慰安婦像設置をめぐって大阪市がサンフランシスコ市との姉妹都市提携を解消することについて社説で批判しました。

足立　朝日の社説は〈姉妹都市　市民交流を続けてこそ〉と題して、姉妹都市の解消について〈ちょっと待ってほしい。姉妹都市の関係のもとで育まれてきた交流は、双方の市民の歴史的財産である。市長の一存で断ち切ってよいものではない〉などと述べています。本当にけしからんと思うのは、地元の市民団体が設置したサンフランシスコの慰安婦像を、その市議会が公共物として受け入れた。それと一人、戦っている吉村市長を、朝日は翌日の社説でけしからんとやっているわけです。

いいかげんにしろ、「本当に朝日死ね」という気分です。

なぜなら朝日新聞がふりまいたデマで広まった誤解のおかげで、こうなっているのでしょう。朝日こそが世界中に英文で謝罪文を出すのが筋です。

花田　これについては吉村市長も自身のツイッターで「『ちょっと待て』はこっちのセリフだよ、朝日新聞」と述べています。朝日は人を批判する前に自分たちがすることがある。

足立　なのに朝日は、世界中に慰安婦像が建てられ、こういう形で事態が深刻に進むたびに知らん顔をしている。世界に誤報をふりまいたのは朝日なのですよ。にもかかわらず、それと戦っている人を非難しているわけです。許せないし、許してはなりません。もちろん国会での各政党間の論戦も大事です。しかし、問題の全体像を伝えない、あるいは言論の責任を取らない無責任なメディアを乗り越えることが、政治論戦の前提条件、必要条件みたいなものだとも私は思っています。メディアがおかしな時に、いくら国会で論戦しても国民に伝わらないわけです。メディアは民主主義の根幹を担っているのです。
　私は日本の民主主義のためにも、正常な国会論戦を行っていくためにも、第四の権力であるメディアをしっかりと正していきたいと思います。

花田　朝日新聞にはご返事なさったのですか。

足立　していません。ツイッターの方で引き続きおかしなものはおかしいと言っています。

花田　「申入書」は来ているのでしょう。

足立　来ています。朝日新聞は私を名指しで批判した社説掲載から三日後の一一月二一日、自社のホームページに〈朝日新聞社　広報部長　後田《うしろだ》竜衛《りようえ》〉名による「申入書」を掲載しました。現物は、まずファックスで届いて、それから封書で届いています。

花田　でも朝日は、返事を求めているでしょ？

足立　私には返事を求めていないんですよ。厳重に抗議すると共に、速やかに発言を撤回するよう求めます、マル（句点）なのです（笑）。

花田　撤回しなければどうする、とも書いていないのですか。

足立　何も書いていないですね。だから返事もしていないし、返答するに値しないと思います。私は国会議員ですから、国会で勝利して多数派をつくるというのが本来の戦いですが、朝日新聞に関しては、踏んづけて便所の紙にでもしときゃいいというくらいの話ですね。彼らとまっとうにやり合うつもりもない。

でもあえて言えば、関心を持ってくださっている方もいるので、衆議院議員・足立康史に対する申入書への返事は、ツイッターで毎朝、毎晩、朝日が廃業するまで書き続けたいと思っています。

花田 朝日の森友・加計報道に関しては、慰安婦誤報、福島第一原発の吉田調書誤報に匹敵する虚報だと思っています。ですから、報道を撤回するかお詫びするかまでは追及しようと思っています。

足立 朝日の社員の方々には重く受け止めてもらいたいですね。

今回は、せっかくアホな野党、無責任野党たちが引っ張ってくれているのですから、朝日を徹底的に廃業するまで攻めていきましょう。

花田 私は性格がしつこいので、徹底的にやることにしています。

足立 やり続けてください。今回の問題が忘れ去られて、また次の報道被害者が生まれることがないように、ぜひ一緒に戦っていきたいと思います。

（二〇一七年一一月二四日放送）

第7章　マスコミの大合唱は疑え

堤堯×花田紀凱

堤堯（つつみ・ぎょう）
ジャーナリスト・評論家。1940（昭和15）年生まれ。61年、東京大学法学部卒業後、文藝春秋入社。『諸君！』『文藝春秋』編集長、『週刊文春』編集局長、三誌を束ねる第一編集局長、ついで出版総局長を歴任。常務、常任顧問を経て退社。
月刊『Hanada』に、評論家・久保紘之氏との対談「蒟蒻問答」を連載中。著書に『昭和の三傑—憲法九条は「救国のトリック」だった』（集英社文庫）、『阿呆の遠吠え』など。

まさに怪文書

花田　堤さんは文藝春秋で『諸君!』や『文藝春秋』の編集長を務められたぼくの先輩で、怒ると怖いのでちょっと緊張しています。月刊『Hanada』では久保紘之《こうし》さん(元産経新聞論説委員)との対談「蒟蒻問答」を一〇年以上続けて頂いています。

加計学園問題ですが、堤さんとぼくの古巣である文春(文藝春秋)の報道がおかしいということを後で語って頂きたいのですけれども。

堤　古巣についてあれこれ言うのはどうもなあ。前川喜平みたいになれっていうのかい?

花田　前川さんとは違うでしょう(笑)。加計学園問題は、二〇一七(平成二九)年五月一七日の朝日新聞一面トップのスクープから始まったわけです。安倍晋三総理が憲法改正発言をしたすぐ後です。

記事は加計学園の獣医学部新設は「総理のご意向」だという趣旨で書かれていて、その証拠文書を写真で載せているわけですが、文書の都合の悪い部分を黒く影をつくって読めないようにして隠している。わざわざ影をつくっているわけです。明らかに作為的な意図を感じます。

堤　この文書については、菅義偉《すがよしひで》官房長官が「怪文書みたいな文書ではないか。出所

花田紀凱

も明確になっていない」と言った（編集註／後に出所が明らかになった時点で発言を撤回）。その通りじゃないか。だって、誰が・どこで・いつ書いたのか分からない。要するに、役所内部に出回ったメモみたいな文書でしょ。だったら、まさに怪文書。

花田　菅さんが怪文書と言ったことについては、対応が悪かったと少し非難されました。しかし、これは怪文書そのもの。

堤　そのものだよ。後で話が出るかも知れないけど、これには政争が絡んでいるんじゃないか。

花田　政争？　どういうことでしょう？

堤　鳩山邦夫元総務相が亡くなって二〇一六年一〇月に衆院福岡六区の補選があった。そのとき、菅義偉官房長官が担いだのが鳩山邦

堤堯

夫の次男である鳩山二郎。片や、麻生太郎副総理が担いだのが藏内謙だった。

藏内の親父は藏内勇夫といって、日本獣医師会会長であり、福岡の自民党県連の会長でもある。藏内謙はその息子なんだね。

菅官房長官は、鳩山邦夫が生前に作ったグループ「きさらぎ会」の顧問をしている。だから二郎を応援した。つまり、片や麻生派、片や菅派で分裂選挙を戦い、鳩山二郎が勝った。麻生と菅の、なんていうかな……。

花田　代理戦争のようなもの。

堤　そういう感じがある。だから、菅官房長官にしてみれば、あの文書を目にしたとたん、一瞬のうちに政争の匂いを嗅いだ。だから一も二もなく怪文書と斬って捨てたんだよ。

花田　なるほど。

堤　彼は普段もっと慎重なもの言いをする。でもこの件に関しては珍しく、色をなして斬って捨てた。かなり頭に来るところがあったんだろうね。

花田　すると、あのもの言いは堤さんとしてはそんなに問題ではない。

堤　実際に怪文書なんだからね。怪文書を怪文書と言って何が悪い？

花田　その後の展開を見ていると、しかし、政権側はどんどん追い込まれていくという変ですけれども、次々に、いろいろなネタが出てきますよね。

堤　オウン・ゴールの連続が、あれだけ続くのも珍しい。ただし、森友と加計問題は、両方とも実体がないわけでしょ。仕掛けたのは朝日新聞で、これに野党が乗った。やれ「お友達政治だ」、やれ「総理のご意向が働いた」と言い立て、「説明責任を果たせ」と迫るけど、それを言うなら朝日や野党には「挙証責任」があるはずで、まずはそれを果たさなきゃいけない。なのに何の確証も挙げられない。ひたすら推測と忖度に終始し、同義反復の質問を繰り返すだけ。

花田　森友問題も何もないですか？

堤　あれは最初から、チンケな詐欺事件だと思っていた。実際、籠池夫妻が逮捕されてその通りになった。要するに、あの問題は、野党と朝日以下が、詐欺師を担いで安倍つぶしを図ったということだよ。

花田　しかし、安倍さん、昭恵さんがその詐欺師である籠池理事長に肩入れしていたと。これはどうなのでしょう。

堤　肩入れというよりも、籠池夫婦が嫌がる安倍夫妻を何かと利用していた構図が明らかになって来ている。それを歪曲して伝えたのが朝日だ。

だって朝日は籠池作成の設立趣意書に「安倍晋三記念小学校」と記されていると報じた。「だから役人は総理の意向を忖度した」と野党議員は迫ったけど、実際は「開成小学校」と記されていた。これなんか、朝日主導の歪曲報道の好例だよ。

花田　情報公開でそれが明らかになった後も朝日は籠池氏の言ったことを報じただけだと書いて、訂正も謝罪もしません。

堤　政治家は色々とものを頼まれたりして、口利きをする。

花田　それはやりますね。共産党だって、当たり前のように口利き、取次はやっている。

堤　野党だって口利きはしている。しかし、自民党が野党になったときに、ある自民党の重鎮が「いやあ堤さん、さびしいものですよ」と言っていた。野党になったとたん、口利きの依頼電話がかかって来なくなったというんだな。つまり、口利きは日常茶飯事なんだよ。

問題は、それについて対価が支払われたかどうか、金品が動いたかどうか、だ。でも、その種のことが森友でも加計でも全然出てこない。

花田 だいたい、加計学園問題は安倍総理の何が悪いのか、分からないですよね。

堤 ひたすら「お友達だから」と言い募るだけでしょ。「お友達だから」の次は「忖度」と「推測」だ。いくら「状況証拠」を並べて印象操作したって、安倍のクビは取れないよ。

『文藝春秋』も連続安倍叩き

花田 朝日主導の加計学園についての報道には、いろいろと問題があったことがわかっているわけですが、『文藝春秋』と『週刊文春』もひどかった。我々の古巣、お世話になった雑誌ですが、あまりにひどい報じ方でした。

かつて堤さんが編集長として大活躍なさった『文藝春秋』は、二〇一七年七、八、九月号と続けて安倍叩き、安倍批判報道です。

七月号の特集が「驕れる安倍一強への反旗」。これがなんと、「前川喜平手記」がトップ（記事）です。でも、すでに前川氏は『週刊文春』などに出ているし、テレビでインタビューも受けている。発言内容は同じことの繰り返しです。にもかかわらず、これがトップですよ。通常、すでに出ている発言をトップに掲載することは『文藝春秋』としては恥ずかしい。

堤　前川喜平の手記は、「我が告発は役人の矜持だ」と。これがタイトルになっている。何が矜持だ！　一読して、見苦しい男だなというのが、まず第一印象だったね。文句があるんだったら、辞める前に言えよ、と。

花田　そうですよ。天下りを斡旋して、辞めさせられた恨みか何か知りませんが。

堤　八〇〇〇万円とかの退職金をふところにしてから、ガタガタ言い出している。行政がねじ曲げられた、それを知りながら強く抵抗できなかった、慙愧《ざんき》に堪えない。これは慙愧の手記ですと言うけど、じゃあ、それをなぜ役人の時代に主張しなかったのか。

一方で、私は特殊な役人だと言わんばかりのことを言っている。「奇兵隊、前へ！」というブログを書いて、時の小泉政権に反抗したとか。さも上に楯突いたかのようなことを書きながら、肝心要《かんじんかなめ》のことについては何も言わない。

役人の行動原理は、配慮し、熟慮し、遠慮して、結局は何もしない。これが役人の行動原理だけど、彼はまさにこれをそのまま実行した。自分でも、座右の銘を聞かれて「面従腹背です」と言っている。まさに面従腹背の役人生活を送り、巨額の退職金を手にしてからガタガタ言い始めた。

花田　面従腹背が座右の銘と、ぬけぬけと言うのはどういう神経でしょうか。普通は思っていても言いません。

前川さんについては、読売新聞が新宿歌舞伎町の出会い系バーに通っていたと報じました。これは読売新聞が官邸のリークを受けて書いたと非難されています。堤さんはどういうお考えですか。

堤　読売は事実を報じたわけでしょ。つまり、文科事務次官、つまり文科省のトップがその出会い系バーに足しげく出入りしていた。週に二、三回も行っていたと。しかし本人に言わせると、「いや、あれは貧困調査だった」と。

本当に貧困調査であれば、普通は部下にやらせるとか、部下と一緒に行く。語るに落ちる話だなと思ったのは、彼は出会い系バーを「自分で探し当てて行った」という。それなのに、なぜ杉田和博官房副長官は、私のことが分かったのかと書いている。つまり、自分は監視されていた、その被害者だと言わんばかりの書きっぷりだ。

さらに、弁解がましく、出会い系バーから女の子を連れだして、早く帰りなさいよと言って五〇〇〇円を渡してどうのこうのと「足長おじさん」をやっていただけというんでしょ。

花田　そういう話が『週刊文春』に女性の話として出ていましたね。でも、ああいう出会い系バーには「貧困女子」は来ていません。出会い系バーというのは、むしろフトコロに余裕のある女の子がいく。店は関知しないけれども、実際には客同士の売買春が行われている。売買春が目的の人間が行く場所です。そんなところに事務次官がたびたび行っていること自体がおかしい。やがて、「私は前川さんに買われた」という手記が出てくるのではとも思います。

堤さんは、読売は批判されるいわれはないという考えですか。

堤　全くない。読売自身はなんと言っているの？

花田　「次官時代の不適切な行動　報道すべき公共の関心事」（二〇一七年六月三日）との見出しで、原口隆則・東京本社社会部長が反論していました。要するに、文科省のトップともあろう者がこういうところに出入りしていた。だから報じることに何の問題もない、当然だと。しかし、読売はリークを受けて書いたというような批判を受けています。

堤　週に何回も出会い系バーに行って「貧困調査」をしていたというのなら、その調査結果を活かすことを何かやったのか。何もないわけでしょ。

花田　レポートひとつないですね。

堤　何の調査をしていたのかわかりゃしないよ（笑）。

朝日、NHK、岩波をウォッチする役割

花田　前川喜平氏の手記を掲載した『文藝春秋』は七月号に続き、八月号は「安倍首相が自民党を劣化させた」です。「〝ミスター自民党〟が諫言する」というものですが、ミスター自民党とは、村上誠一郎氏。普通の人は聞いたこともない政治家（笑）。

堤　実はこの記事はちょっと読んでみようかなという気になった。なぜかと言えば、村上誠一郎は愛媛の出身だから、加計問題について何か言っているのかなと。読んでみると、加計問題は数行しか出ていない。『文藝春秋』編集部は加計問題を村上誠一郎にしゃべらせたくて彼のところに行ったんだろうね。ところが話が、あさってのほうに行ってしまった。だから、こんなタイトルを付けて出さざるを得なくなったんじゃないか。

村上誠一郎は安倍首相が自民党を「劣化させた」と言うけど、その理由、つまり内容に説得力が全くない。編集部の本来の目的は加計問題について語らせることで、それをロクに語らない以上、あっさりボツにすればいいのよ。

花田　次の九月号は芥川賞受賞作掲載で、いつも非常に売れる号なのですが、トップは「安倍総理でいいのか」。「自民党国会議員４０８人緊急アンケート」。こういうタイトルで仰々しくやっているのですが、アンケートを四〇八人に出して、返ってきたのは二七人しかいない。しかも、アンケートに答えているのは石破茂氏や、先ほどの村上誠一郎氏、それから後藤田正純氏。そういう人物しか答えていない。これが右柱（編集註／広告の右トップに掲げるその号の売り）ですから呆れます。

かつての大編集長としては、この七、八、九月号の『文藝春秋』についてどう思いますか。

堤　七月号の小池百合子の手記「私の政権公約」にも驚いたね。小池の正気がどうのよりも、編集部の正気を疑った。おまけに一一月号ではご丁寧に、再び小池の手記「私は本気で政権を奪う」と来た。安倍を小池に代えてどうしようってんだ？　小池に安倍の代わりがつとまると思ってんのか。

小池は都議選の勝利で、これなら国会も制覇できると夢見た。彼女の手記には「マクロン」の四文字が何度も出て来る。マクロン気取りで「希望の党」を立ち上げた。マクロンは新党「前進！」を立ち上げ、共和、社会の両党を抑えて政権を取った。自分もマクロンになれると夢見たんだね。

モリ・カケ騒動で安倍の支持率は急落している。朝日新聞をはじめメディアは「安倍一強打倒」の大合唱だ。いまこそ絶好のチャンスと踏んだわけだ。文春の編集長も同じ夢を見た。そうでなければ二度にわたって小池を目次の右柱にしないよ。

そもそも彼は雑誌のレゾンデートル＝存在理由をわかっていないんじゃないかと思ったね。池島信平さんが七人の侍と共に戦後の焼け跡から再出発して、菊池寛が放り出した文藝春秋を再建した。三〇〇〇部で出発した雑誌を国民雑誌に育て上げた。その池島さんが、

「雑誌も五万部になると、あとはどんどん、増えていくものだよ」

と振り返って、こんなことを言った。

「いいか、堤。朝日新聞とＮＨＫと岩波。この三つが世の中の大きなオピニオンの流れ、いうなら世の大勢を作る。雑誌の役割は、この三つを是々非々で批判する、ウォッチすることだよ」

花田　ぼくもその話を堤さんから聞いて、いろんなところでよく話しているのですが、本当に雑誌というのはそういうものですよね。立ち止まって、ちょっと違うんじゃないか、と問題提起する。

堤　とりわけ朝日は今回の「安倍降ろし」の仕掛け人だ。森友といい、加計といい、

朝日の仕掛けだ。それが「安倍一強打倒」の大合唱になった。本来の文藝春秋なら、眉に唾を付けてかからなきゃいけない。世を挙げて一方向に動いているときは、根本的に疑ってみないといけない。俺ならむしろ逆張りで、この大勢に異を唱えるね。

雑誌のレゾンデートル

花田　世論が過熱しているときこそまず疑え、と。

堤　そうだよ。たとえば教科書誤報事件というのがあった。朝日を筆頭に全メディアが挙げて「文部省が侵略を進出に書き直させた、ケシカラン」として大騒ぎした事件だ。調べて見ると書き換えの事実は一つもない。誤報というより虚報だ。俺は渡部昇一さんに依頼して「萬犬虚に吠えた教科書問題」を掲載した。思えば、これが今に続く歴史戦の始まりだよ。まあ、この一件については後でまた触れることになるだろうけど。

敗戦のとき、俺は九歳だった。時の首相・東久邇宮稔彦《ひがしくにのみやなるひこ》が「これからは一億総懺悔だ」と呼びかけた。それを聞いてお袋が、「馬鹿馬鹿しい、誰に何を懺悔するんだい」とつぶやいた。

花田　堤さんのお母さんは、ごく普通の女性ですよね。

堤　死ぬその日まで看護婦の仕事を愛した明治生まれの働き女だった。アカでもピンクでもない。だけど本能的に実感的なことを言う。

例えば、ヒトラーがソ連に攻め入ったとき、日本は日独伊三国同盟を結んでいたわけだけど、お袋は「これで日本の負けだよ」と言った。

よく「女は子宮で考える」というけど、これは「生存本能からものを考える」という意味だと俺は思っている。男は自分で組み立てた論理に縛られるけど、女はそうではない。本能的・実感的・現実的なモノの考え方をする。これは何もお袋だけではないと思うね。「本能こそがよく見破る」という格言がある。あれを地でいっているんだよ。

花田　堤さんのお母さんは「一億総懺悔は馬鹿らしい」と。

堤　そう言っていた。それから戦後、特攻隊の生き残りは「特攻崩れ」と呼ばれた。これについてもお袋はおかしいと言っていた。だって昨日までの「軍神」が、今日になったら「特攻崩れ」と蔑《さげす》まれる。これは子供心にもおかしい。もっとおかしいのは教科書だ。教科書をもらうと、そちこちに墨が塗ってある。

花田　堤さんも墨入り教科書世代？

堤　もちろん。子供心に「何だ、これは？」と思うわ。昨日まで正しいとして教えられたことが、今日は嘘だ、バツだとなる。少し考える子供なら、大人のやっていることなんて信用できないと思う。疑うようになる。

「信じる者は宗教に向かい、疑う者は哲学に向かう」という言葉があるけれども、俺たちの世代は、子供の頃から大なり小なり哲学することを強いられた世代なんだよ。

世の中が挙げて一方向に動いているときに、ちょっと待てよと疑う。俺なんか、それが習い性となっている。とりわけマスコミがワーッと一方向に向かうときに、またかよと疑う。

かつてマスコミが挙げて「政権交代」を連呼した。結果は民主党政権の悲惨な三年半だ。いい証左だよ。

花田　みんないまはこう言っているけれども、いやいや、ちょっと違うのではないか、と、少し立ち止まって考える。それが雑誌作りの基本です。

堤　マスコミが挙げて大合唱したときに、「これはおかしい」と思わなければ、雑誌のレゾンデートルなんてどこにある？　新聞やテレビに唱和して、同じ歌を歌って何が面白い？　何の意味がある？

「朝日社会部ほど怖い集団はない」

花田　それなのに、『週刊文春』も毎号のように安倍批判です。「『総理のご意向』文書は本物です」と前川前事務次官の言い分を垂れ流している。

堤　あの文書を報道したのは朝日とＮＨＫだ。文書の出所を問われて、前川は「刑事事件に関わる」として答えを避けた。弁護士を傍に置いて、汗を拭き拭き答えを避ける彼を見て、俺は〝忖度〟した。この男が自分で書いた文書をバラ撒いているのでは、とね。多くの人が同じように感じたんじゃないか。

花田　和田政宗さん（参議院議員）によると、あの文書を朝日に持ち込んだのは前川自身だそうです。『週刊文春』は、その後も「安倍『一強』の自壊」と打ち、「安倍首相に鉄槌！」「安倍首相にＮＯ！」「『加計に決めました』出来レース議事録」と、もう安倍批判一色でした。右トップがです。朝日と文藝春秋がタッグを組んでいるようなものですよ。

堤　朝日とタッグ？　俺のころには考えられない対応だな。真逆の対応だよ。朝日と合唱して何の意味がある？

花田　存在理由を自ら放棄している。なぜ、文春は意味のないことをやっているのでしょうか。堤さんやその後も連綿と続いている文藝春秋の精神が、なぜいまなくなったのでしょうか。

堤　文藝春秋九月号を見ると、なんと朝日新聞の記者が三人も書いている。どうなってるんだい。朝日の連中と編集会議でもやっているのかね。船橋洋一なんか出ずっぱりだ。

花田　堤さんが編集長なら、絶対に登場しませんね。

堤　俺が『諸君！』編集長の頃、朝日に木村繁という有能な科学記者がいた。彼に依頼して「日本を支える人と技術」と題する連載を始めた。実に面白い連載になった。

　ところが、五、六回続いたところで、彼が会社にやって来て、「堤さん、まことに申し訳ないが、連載を辞めさせてくれ」と言う。どうしたのかと聞けば、「今日、編集局長に呼ばれて、『君がああいう雑誌に書いているのは不愉快だ』」と言われたという。だからこっちも言った。

「何も思想的なことを書いているわけじゃない。書いているのは、日本を支える人と技術だ。どんどん書いて、早く単行本にしましょうや」

　ところが、

「いや、それがダメなんです。不愉快だということは、止めろという意味なんです。構わず続けていれば、私はまた島流しになっちゃう」

と言うんだな。「また島流しになる」とはどういうことか。聞けば、科学記者の彼が原発容認論をちらっと書いたことがあった。長い文章の中で原発を容認するがごとく受け止められかねないことを数行書いたわけだ。

そうしたら大問題になって、木村糾弾のビラは撒かれるわ、会社の前にピケを張って彼を社内に入れないとか、昨日まで仲間だと思っていたのが、手のひらを返して、白い目で彼を見る。そういう事態になった。

やがて上の方から、「お前、ほとぼりが冷めるまでアメリカに行って来い」と、島流しになって飛ばされたというんだ。

花田　アメリカだったらぼくも「島流し」にしてほしい（笑）。

堤　また島流しになると、子供がかわいそうだ、学校を変わらなければならないからね。だからなんとか連載は勘弁してくれという。子供を持ち出されて泣き落としで来られりゃ、どうしようもないわな。別れるときに彼が俺に言ったセリフは今でも覚えている。

「堤さん、いいですか。この日本で、朝日新聞社会部ほど怖い集団はありませんよ。彼らに睨まれたら、この日本では生きていけません。気をつけて下さい」

花田　今度の加計問題も森友問題も、社会部中心で報じていますから、安倍さんも生きていけないかも（笑）。
堤　逆だよ。いまや朝日のほうが気息奄々《きそくえんえん》じゃないか（笑）。

「朝日の天敵」と呼ばれて

花田　堤さんは文藝春秋で『諸君！』や『文藝春秋』の編集長当時、「朝日の天敵」と言われていました。
堤　うん。「ひと我を朝日新聞の天敵と呼ぶ」。だけど、好き好んで天敵になったわけじゃない。
花田　そうなんですか。大好きだと思ってました（笑）。
堤　朝日の記事のおかしさ、間違いを批判し続けているうちに「天敵」にされちゃった。
花田　ハブ対マングース。向こうも天敵だと思っているでしょうね。
堤　朝日の編集局長が木村繁記者に「ああいう雑誌に書くのは不愉快だ」と言ったけど、「ああいう雑誌」をやっているのはこの俺だ。なぜ「天敵のやっている雑誌」に書くのかという苛立ちだよ。
でも職業柄、いろんな新聞記者と付き合ったけど、朝日の記者が一番多かったな。

朝日の中にはまともな人間も結構いるんだよ。なのに、それが集まって新聞を作ると、なんであんな新聞になるのか、業界の七不思議だな。

花田　文藝春秋と朝日新聞は、昔から池島信平さん（文藝春秋社長）と扇谷正造さん（『週刊朝日』編集長、朝日新聞論説委員）の間柄のように、親密な付き合いがあった。

堤　扇谷正造は『週刊朝日』を一二五万部売った編集長。池島さんと毎晩のようにツルんで飲み回っていた。

花田　池島さんは、戦後、復活した『文藝春秋』を日本一の雑誌にした名編集長ですね。昭和天皇を囲んで話をした辰野隆、サトウ・ハチロー、徳川夢聲《むせい》さんたち三人を集めて、その時の陛下の様子を話してもらった。タイトルが「天皇陛下大いに笑う」（昭和二四年六月号）。その座談会が大評判になり、飛躍のキッカケになった。

堤　新橋にママが一人でやっている「とんとん」というスナックバーがあって、そこが文春と朝日の交流の溜まり場だ。池島さんに連れていかれたとき、当時、天声人語を書いていた荒垣秀雄もいた。これはのちに聞いた余話だけど、荒垣は逗子から電車で出社する。ときおり女子高生のスカートをまくり上げて逗子警察に突き出される。それを何度かもらい受けに行った朝日の人間に聞いた話では、「あれは病気ですなあ」と呆れていた（笑）。

当時、大学入試に天声人語がよく出るという話があって、それを朝日は販売促進に使っていたけど、受験生にすれば、まさか痴漢常習者の文章を必須の教材として読まされているとは思ってもみなかったろうよ（笑）。

文春と朝日が袂を分かったのは、サンフランシスコ講和条約の是非をめぐってで、さらに六〇年安保の是非で分かれた。

日本最大のフェイクニュース・メーカー

花田　講和条約では単独講和か全面講和かという論戦ですね。

堤　そう。朝日と野党が全面講和論、つまりソ連や中国とも条約を結べという論陣を張った。でも、それではいつまで経っても講和条約を結べない。つまり独立・主権回復はできない。それを知りつつの全面講和論だ。

この議論を主導した東大総長・南原繁を、吉田茂は「曲学阿世の徒」と呼んで物議をかもした。

花田　当然ですよ。ソ連、いまのロシアとは、いまだに平和条約を締結できていないわけですからね。

堤　単独講和か全面講和か。二者択一の設定からして言葉の詐術なんだよ。単独講和というけど、調印したのは四八カ国で、単独講和であるわけもない。多数講和と呼ぶべきだ。

日本の国際復帰に反対したのはソ連、ポーランド、チェコスロバキアの三カ国だったかな。後のソ連外相グロムイコは隣りのビルに陣取り、「この条約は新たな戦争を準備する」と吠えた。

条約交渉を担った全権・吉田茂にすれば「冗談じゃない」という思いだ。まずは西側諸国と条約を結んで、独立主権を回復する。それが彼の一番の政治眼目だったんだからね。それに異を唱えたのが朝日と野党、当時の社会党だ。

彼らは「全面講和」がダメになるや、お次に「非武装中立」というスローガンを唱えた。だけど、「非武装中立」はそれ自体が形容矛盾なんだよ。

中立とは、他から攻められても主権を守り切る備えをもって、初めて「中立国」と国際社会に認められる。他から攻められたときに備えのない国が、いくら「中立でございい」と言っても、国際社会は認めない。国際社会は「力の空白」を嫌う。必ず埋めてしまうからね。

花田　スイスがいい例ですよね。

堤　あの国は永世中立を標榜するけど、国民皆兵だ。そもそも「中立」と「非武装」

という言葉をつなぐのは形容矛盾で意味を為さない。

政治は現実を扱う。現実から離れれば離れるほど、おかしくなる。朝日や野党は、昔も今もずっと現実離れしっ放しだ。

花田　「全面講和」「非武装中立」、それから「六〇年安保」。結果的には、朝日が唱えていたことは、全部間違っていたということが歴史的に明らかになりました。

堤　かつて朝日は北朝鮮を「地上の楽園」と報じた。それを信じた九万人の在日が日本人妻を連れて帰国した。待っていたのは地獄だ。いまやその「地上の楽園」から日本にミサイルが飛んで来る。

さらに朝日は中国の「文化大革命」を「永久革命」と讃え、毛沢東を「中国の西郷隆盛」と書いた。その実、文化大革命の一〇年間、中国の各地でカニバリズム（人肉食）が行われていた。毛沢東は大躍進政策と大革命で、ざっと六〇〇〇万人の死者を出した。それが実態だ。

古くは架空の伊藤律会見記から、近くはサンゴ事件に従軍慰安婦捏造報道、福島原発の所長・吉田昌郎に関する歪曲報道……朝日の不始末は枚挙にいとまない。朝日新聞こそ日本最大のフェイクニュース・メーカーといえる。

朝日は事ごとに間違えて、それでよくいままで保ってきたよ。もっとも販売部数は急速に減らし続けている。ちなみに二〇一七年上半期の部数は前年同期比で三二万五〇〇〇部の減だ（日本ABC協会調べ）。

「朝日の葬式は俺が出す」

花田　なにしろ慰安婦問題で、三二年間、嘘を書き続けてきた。

堤　そう。途中で、朝日社内でも嘘に気がついた者がいた。若宮啓文《よしぶみ》（元朝日新聞主筆）もその一人。俺は「バカ宮」と呼んでいたけど、彼なんかも気が付いたみたいなことを書いている。

「中には力ずくの『慰安婦狩り』を実際に行ったという日本の元軍人の話を信じて、確認のとれぬまま記事にするような勇み足もあった」

と自著に書いている。何が「勇み足」だ。「勇み足」で済まされる話じゃない。詐話師・吉田清治が済州島で慰安婦狩りをやった、女性らを強制連行したと語ったホラ話をそのまま載せた。常識的に考えれば、娘や女房が狩り出されるのを、男達が黙って見ているはずがない。集団で反乱、暴動を起こすはずだ。それが全くない。

済州島の地元新聞の女性記者（韓国人）が朝日の記事を検証取材したところ、男達が異口同音に言う。

「そんなことを日本人がやったら、生きては帰さない」

つまり慰安婦狩り、強制連行なんてなかったと言っている。それが普通の常識だよ。なのに朝日は、吉田清治の詐話、虚言を麗々しく取り上げ、三二年間も延々と報じ続け、日本と日本人の顔に末代までの泥を塗り続けて来た。

その間、現代史家・秦郁彦が提示した疑問も無視なら、地元・済州島の韓国人記者が吉田の詐話を否定した記事も無視だ。

花田　二〇一四年に一応、記事を取り消して社長も辞任しました。しかし、全然反省していない。英語版の朝日では、同じように慰安婦は性奴隷だという記事を流し続けています。

堤　たとえば、稲田朋美防衛大臣が南スーダン国連平和維持活動（ＰＫＯ）の日報をめぐる問題で辞任した。このとき、朝日や野党は辞めて済む問題ではないと言っている。

花田　慰安婦問題で「社長が辞めて済む問題じゃない」と（笑）。

稲田さんの辞任のとき、朝日は社説で「陸自ＰＫＯ日報問題　隠蔽は政権全体の責任だ」（二〇一七年七月二九日）と書いていました。

堤　朝日こそ社長が辞めて済む問題ではない。なにしろ三二年間、嘘を書き連ねて日本と日本人の顔に泥を塗り続けて来たんだからね。

だから安倍首相はもっと徹底的に朝日を追い詰めなきゃいけない。たとえば、国連人権委員会に朝日が自ら出向いて釈明文を出せとか、吉田清治の虚言をなぞって書いたクマラスワミ報告書を彼女自身の手で撤回させるまで朝日が懸命に説得しろとか。いくらでも朝日にやらせるべきことがあるじゃないか。

花田　朝日が記事の取り消しをした時、韓国の国会議員団はすぐにクマラスワミのところに行って、報告を撤回しないよう説得しているんですよ。金を渡したという話もある。だから、後から日本が行っても、もう全然取り合わない。日本は出遅れている。本来、朝日がやらなければならないことですよ。

堤　安倍首相自らが日本と日本人を代表して、朝日を名誉毀損で告訴する、賠償金は朝日の全資産を当てる、といった具合に徹底的にやりゃぁいいのよ。「安倍の葬式はうちが出す」と、いまだにモリだ、カケだと仕掛けられているんだからね。売られた喧嘩なら徹底的につぶさなきゃ。

花田　堤さんが「朝日の葬式は俺が出す」と(笑)。

花田　ところで、堤さんが本格的に文藝春秋で朝日批判を始めたのは、『諸君！』の編集長になってからですね？

堤　そうだね。本多勝一に訴えられて「一五年裁判」をやったからね。

花田　なぜ訴えられたのですか？

堤　それがとんだお笑いなのよ。俺の前任編集長が本多批判の一文を掲載した。殿岡昭郎の論文「今こそ『ベトナムに平和を』」（『諸君！』一九八一年五月号）がそれだ。

花田　殿岡さんは当時、学芸大学の先生。

堤　対して本多が読者投稿欄に一文を送って来た。殿岡氏に対する罵詈雑言の羅列で、反論にも何もなっていない。読むに堪えない内容で、ボツにした。「なぜ載せないのか」とねじ込んで来たから、「掲載に値しない。それが当方の判断だ」と返事した。ほどなく本多が文藝春秋と編集局長と俺を名誉棄損で訴えた。

花田　名誉棄損といっても、堤さんが載せたわけじゃない。

堤　ところが俺が掲載したと本多は思い込んでいる。だから俺は冒頭の被告人陳述でこう言った。

「裁判長、私はなぜ被告人にされたのか、全く理解できません。なぜなら、私は当該論文の掲載に何の責任もありません。掲載責任者は私の前任編集長であって、私ではありません。つまりこれは笑うべき人違い裁判です。本多勝一氏における事実確認の作業はかくもお粗末なもので、この裁判は国費の浪費以外の何ものでもない。即刻、棄却されたい。以上です」

これを聞いた本多はもとより、彼についている一〇人の弁護士も揃ってキョトンだ（笑）。鳩が豆鉄砲食らったような表情とは、ああいう阿呆面をいうんだろうね。そりゃそうだろう、間違えて人を訴えるなんて、日本の裁判史上でも前代未聞だ。あいつらにすれば、冒頭から意外な展開で、何が起こったのか、しばらく理解できなかったんじゃないか。

花田　ウソみたいな話ですね（笑）。

堤　向こうの弁護団長が気を取り直して「裁判長、しばしの休憩を要請します」とか言って、ゾロゾロと列をなして部屋を出ていった。

戻って来て言うには、「被告人・堤に対する訴因の変更」だ。原告・本多の反論権を不当に拒否したというわけ。俺は腹の中で笑っちゃったね。反論権裁判となれば、数年前に最高裁の判例が出ている。

産経に対して共産党が反論権の行使を要求して争い、結果、何を載せるか載せないかは編集権の問題で、反論権はなじまないということで、産経が勝利した。俺が本多の一文を載せる・載せないも同じ編集権の問題だ。この裁判は俺の勝ちだと確信した。事実、一審から三審までこちらの完勝だ。その間、苛立ちを募らせた本多勝一は、俺のことを「ゴロツキ編集長」と朝日ジャーナルなんぞで何度も罵倒した。

花田　当たっているような気がしないでもない（笑）。

堤　さっき、朝日にもまともな人間がいると言ったけど、その中には本多勝一を国賊呼ばわりする者もいる。だから俺にいわせれば、国賊にゴロツキ呼ばわりされる、こんな名誉なことはない、と（笑）。

花田　本当にそう言ったんですか？

堤　言いもし、書きもした（笑）。

この裁判は一五年続いた。毎回、裁判所に行くと、本多を二、三〇人の若い者が取り巻いている。本多をジャーナリストの鑑と憧れ、われこそ第二の本多勝一たらんとする本多親衛隊だよ。廊下にたむろするこいつらに、本多は裁判の前後に当日のポイントをレクチャーする。

こちらはその群れをかき分けるようにして法廷に出入りする。毎回、殺気だった刺すような視線を浴びながらで、かなり緊張感があった。

花田　その頃、本多勝一は朝日のスター記者でした。

堤　本多の追っかけをやっている親衛隊の連中が、いっそのこと俺に殴りかかって来りゃいいのにと、心中密かに期待していた。そうなりゃ事件になって、朝日のスター記者がこともあろうに人違いの裁判を起こし、おまけに学歴詐称までやっていることが満天下に明らかにできる。

花田　本多が学歴詐称？

堤　俺の弁護士は佐藤博史だ。のちに足利連続幼女殺人事件で、無期懲役とされた容疑者の再審無罪を勝ち取った腕っこきの刑事弁護士だよ。この佐藤弁護士が本多に尋問した。

「貴方の本の奥付を見ると、『京都大学を経て朝日新聞入社』云々とありますが、貴方は京都大学を卒業されたんですか？」

「いや、してません」

「卒業されたのはどこですか？」

「千葉大学農学部です」

「ならば、それが貴方の最終学歴ですね。だったら、なぜ本の奥付にそう書かないいんですか。『京都大学を経て』云々は、学歴詐称の疑いがあると言われても仕様がないんじゃないですか」

「……（無言）」
といったやり取りがあった。

花田　というわけで文字通り完勝したわけですね。

堤　絵に描いたような完勝だよ。完勝するに決まっている。人違い裁判だって初手から言っているのにさ（笑）。向こうの一〇人の弁護士の多くは共産党系だ。だから反論権裁判で共産党が負けた最高裁判例を知っているはずなんだよ。

おそらく本多に「反論権で争っても勝てない」と説得したはずだ。ところが本多は「堤憎し」で引っ込みがつかなかったんじゃないか。本多が告訴に至るまでの細かいやり取りは省くけど、俺は彼をおちょくりにおちょくった。それも慇懃無礼にね。

俺からすれば、あいつは単なるゴミだ。徹底して彼をゴミ扱いした。だって彼を朝日のスター記者にした連載「中国の旅」は、百人斬りから南京虐殺事件へと、中国人の言うがままを綴ったもので、言うなら中国の拡声器を務めただけの話だ。のちに韓国の拡声器になったのが慰安婦問題の植村某記者だ。なにかと朝日は外国の拡声器を作り出すねえ。

本多が俺を訴えた裁判で、裁判長が原告尋問で彼に尋ねた。

「住所は？」

「長野県松代……」

「それは本籍でしょ。住所は？」

「中央区築地……」

「それは職場（朝日）でしょ。現住所をおっしゃって下さい」

ここで本多の弁護士が、

「裁判長、原告は身の危険があって、現住所を明かせません」

右翼の襲撃をほのめかし、裁判長は「ああ、そうですか」と引っ込んだ。対して佐藤弁護士が、

「裁判長、原告の現住所を明らかにしてもらわないと困ります。こちらが勝訴した場合、原告に色々と請求しなきゃいけませんので」

つまり佐藤弁護士も端から勝訴を確信していて、その通りになった。

虚報に踊った教科書誤報事件

花田　教科書誤報問題は『諸君！』での大きな仕事でしたよね。
堤　さっきも言った通り、文部省が教科書検定で「侵略」を「進出」に書き改めさせた、ケシカランと全マスコミが書き立てた。俺は編集会議で、

「書き換えの事実ってホントにあるのかね。調べてみようか」

「あるから騒いでいるんでしょ。調べるだけムダじゃないですか」

といった会話があった。普通はそう思うわな。それにしても子供が読む教科書に「侵略」とわざわざ書く必要はない、「進出」で足りる。それが大人の常識だ。だから、このバカ騒ぎをどう扱ってやろうかと思案していたところに、読者から電話があった。「横浜で鉄鋼所を経営している者です」と自己紹介があって、「私は一九種類の教科書を全部チェックしてみましたけど、書き換えの事実は一つも見つからない。私一人の作業では覚束ない。編集部で手分けしてチェックしてみたらどうですか」

それッと編集部一同、手分けして調べてみた。事実、書き換えは一つもない。あとで聞けば、日本テレビの文部省担当の記者が、故意かミスか、それはわからんけども……。

花田　発端はそこなんですか？

堤　文部省詰めの記者が手分けして一九種類の教科書をチェックする。日本テレビの記者が、書き換えがあったと報告した。そこで新聞、テレビが一斉にワーッと報じた。

花田　それが故意かミスかはわからない？

堤　いまだにわからない。ただし、当時の日本テレビの労組には、かなり過激な連中がいた。だから意図的に虚報を流したとも考えられる。いずれにせよ誤報ではなく、虚報に踊ったバカ騒ぎなんだよ。

花田　何社もいて、どこも改めて確認しなかった。それだけで記者失格です。

堤　しなかった。疑問にも思わなかったんじゃないか。でも本来は、その記者が「書き換えがあった」とレポートした時点で、「どこの出版社の教科書の、どこの部分だ？」と事実をチェックするのが普通だ。鉄鋼所の親父さんでさえやったんだからね。ところが文部省詰めの記者の誰もチェックしない。チェックしていれば、あんなバカ騒ぎにはならない。頭から書き換えがあった、ケシカランと虚報に踊っちゃったんだね。

その実、書き換えなんぞは一つもない。この特ダネをどう扱うか。編集部記事でやろうか、いや待てよ、この問題は長く尾を引く、誰か主役を仕立てて論じさせるほうがいい。思い浮かべたのが渡部昇一さんの顔だ。電話で委細を話すと、「それ、本当ですか？」「ホントです」「そんなバカな」としばし絶句したね。

花田　そりゃそうですよね。メディア全部が「書き換えた」と言っているわけだから。

堤　ほどなく渡部さんから「萬犬虚に吠えた教科書問題」と題する長文の玉稿が届いた。

花田　「萬犬虚に吠えた教科書問題」。すばらしいタイトルですね。朝日は犬だ（笑）。

堤　そう犬だ（笑）。お礼の電話をすると、渡部さんが、

「堤さん、明日、フジテレビの『竹村健一の世相を斬る』に出るんだけど、今回の一件を披露してよろしいでしょうか」

「どうぞどうぞ。雑誌が出るまで一週間はかかる。一刻も早く国民に知らせたほうがいい。声を大にしてやって下さい」

花田　あれは人気番組でしたね。

堤　あとで渡部さんに聞けば、竹村健一以下、「そんなバカなことがあるか」と誰も信じなかったという。

花田　まあ、そうでしょうね。

堤　事実、竹村健一から俺のところに確認の電話がかかって来て、

「堤さん、渡部さんから話を聞いたけど、ホンマですか」

「それがホンマなんですよ、バカげたことに」

「そんなアホな」
しばらく竹村健一も絶句していた。その番組が放映されるや、轟々たる反響だよ。それは当然で、全マスコミが火のない所に煙を立てていたわけだからね。ちなみにこの虚報事件で、訂正・謝罪したのは産経だけだ。あとは朝日をはじめ口をぬぐって知らんぷりを決め込んでいる。ために中国や韓国では、いまだに日本は姑息にも「侵略」を「進出」に書き改めたと認識されているそうじゃないか。

朝日は日本の「プラウダ」か

堤　ところで、この一件で一番ケシカランのは、時の官房長官・宮澤喜一だよ。

花田　堤さんの大嫌いな。「乾《ほ》し猿」とか悪口言ってますよね、いつも（笑）。

堤　侵略↓進出の書き換えがなかったことは、『諸君!』でもフジテレビでも渡部昇一さんが声を大にして指摘している。マスコミはロクに取り上げないけど、文部省の役人が「書き換えの事実はない」とも言っている。
だったら、官房長官としては、まずは事実を調べるのが先決じゃないか。それをせずに、こともあろうに宮澤は、これからは日本の教科書について、中国や韓国をはじめとする近隣諸国に事前に報告するとした。

花田　悪名高い「近隣諸国条項」の登場ですね。

堤　宮澤は書き換えの事実がないことを知っているはずだ。当の文部省の役人でさえ「書き換えはない」と言っているんだからね。なのに内閣官房長官ともあろう者が新聞・テレビの報道に踊らされた。あげく「近隣条項」で日本の教科書が事実上、外国のチェックを受けることになった。

自国の教科書について、「これでよろしいでしょうか」と近隣諸国にお伺いを立てる国がどこにある？　冗談じゃないよ。宮澤喜一というのはとんでもない阿呆だ。

のちに御厨貴《みくりやたかし》が、『聞き書　宮澤喜一回顧録』（岩波書店、中村隆英氏との共編）と題するオーラルヒストリーを出した。読んでみると、宮澤の問題点をあれもこれも外している。この教科書誤報事件も例外ではない。要するに宮澤のヨイショ本だ。

だから俺はこの「宮澤喜一回顧録」を評して、「これはオーラル・ヒストリーではない、フェラチオ・ヒストリーだ」と書いた（笑）。

花田　ところで朝日はなぜいつも火のないところに煙を立てるのでしょうか。

堤　以前、朝日の記者に聞いたけど、朝日新聞は共産党と同じで「無謬《むびゅう》説」をタテマエにする。すなわち「間違うことはない」というわけ。

だから朝日は「謝らない」。なぜかというと、訂正記事を出せば、記者の経歴に汚点がつくだけじゃない。デスク、部長、編集局長にも累が及ぶ。関係者一同の将来に障りが出る。だからスクラム組んで「朝日の無謬」を守ろうとする。

花田　そのくせ訂正欄をつくって毎日のように細かい訂正を出していますけどね。

堤　二〇一四年の事件に懲りて（笑）。

花田　訂正しなくてもいいような、どうでもいいような訂正まで出している。

堤　俺は朝日を読まないからね。「朝日を読むとバカになる」というキャッチコピーは俺が作った。

花田　そのタイトルも頂いて特集のタイトルに使いましたが、さすがにこれはひどいと言われました（笑）。

堤　俺が『諸君！』編集長のときに、渡部昇一と香山健一（学習院大学教授）の対談に「朝日新聞は日本のプラウダか？」とタイトルをつけた。プラウダはソ連共産党の機関紙だ。朝日にプラウダとおぼしき主張が散見される。それを二人に論じてもらった。早速、朝日新聞の広告部から、このタイトルでは掲載できないと言って来た。

花田　わが社の広告掲載基準に合わないと。

堤　「なぜか」と訊くと「プラウダはソ連共産党の機関紙で具合が悪い」という。だから俺は言った。「プラウダとはロシア語で真実という意味だ。『朝日は日本の真実か』となる。そのどこが悪い?」と言ったら詰まっちゃって、「上の者と相談して参ります」と引き下がった(笑)。

花田　その広告は結局、審査を通ったのですか?

堤　結局、プラウダのところだけ黒塗りで、「朝日新聞は日本の●●●●か」とした。

花田　かえって目立ちますね。

堤　まさに(笑)。読者から「なぜ伏せ字になったのか」という問い合わせが殺到した。俺は三ページを割いて、朝日との交渉で伏せ字になったイキサツを披露した。

花田　みんな何だろう?　と見ますからね。最近は朝日も狡くなって、「黒塗りは止めてくれ、何か代わりの文字を入れてくれ」と言うようになって来た。黒塗りだとかえって目立つと気づいたわけです(笑)。

堤　ところで「朝日の天敵」呼ばわりされたこの俺が、朝日に連載したこと、知ってる?

花田　えッ?　どういうことですか?

堤　朝日が主催する大佛次郎賞の授賞式の流れで、銀座のバーで朝日の学芸部の部長か次長と同席した。話が弾んで、「堤さん、あんたの話は面白い。ウチに連載してくれ」と言う。だから俺は言った。

「あんた、俺を何者だと思っている？　朝日の天敵と呼ばれている男だよ」

「いや、かまいません。ぜひお願いします」（笑）。

花田　それで連載した？

堤　たしか「時のかたち」とか題するコラムで、一人四日ずつ書くリレー形式のコラムだ。ほんとに天敵の文章を載せるのかという興味も手伝って、早速に四日分の原稿をまとめて送ったら、ほんとに連載したよ（二〇〇三年四月七日から一〇日まで全四回）。

花田　原稿料はもらいましたか？

堤　もらったんじゃないか。忘れたな。ゼニはどうでもいいんだよ。

文春がおかしくなった遠因

花田　ところで、文藝春秋は堤さんが愛した『諸君！』をやめてしまいました。もちろん、『諸君！』で儲かるとは思わないけど、一方に『諸君！』があって、一方に『文藝春秋』があって、その二本柱で文藝春秋の論陣を張っていたわけです。ところが、一方がなくなってしまった。それが加計問題での安倍叩きという『文藝春秋』のいまの姿勢にもつながっているのではないかと思うのです、どうですか。

堤　編集長には二種類のタイプがある。部数を伸ばす奴と減らす奴。それしかない。

『文藝春秋』という雑誌はナショナルフラッグ、文春という出版社の旗艦だ。その艦長＝編集長になる人物は、会社の浮沈を担う。俺は社長に呼ばれてこう言われた。

「君に社の米櫃《こめびつ》を預ける。本誌は長期低落傾向にある。部数を上げろとはいわない、低落を止めて欲しい。それが君の役目だ」

それを聞いて、俺は言った。

「社長、本誌はジャンボ航空機が機首を下げて着陸態勢に入っているような状態です。これをパラレル飛行に持ち直すには二年かかりますよ」

事実、二年目を期に部数は上昇に転じた。あの弁当箱みたいに分厚い雑誌を持ち上げるのは大変だぜ。結果、引き継いだときの部数を約一三万部増やした。雑誌の生命は、何よりも問題提起能力にある。問題提起がズレていれば、部数はどんどん減る。いまの本誌（文藝春秋）の目次を見ていると、完全にズレている。

だから、いまや部数は俺が担当していたときの半分以下だ。ある文春ＯＢが俺に寄越したハガキに、

「文春は志を失った出版社になりました」

とあった。『諸君！』を休刊と称して実質的に廃刊したときに、「志」を失ったんだよ。そもそも池島信平さんが『諸君！』を作ろうとしたとき、社内で激しい反対運動

があった。

花田　池島さんが日本文化会議という団体の機関誌を引き受けようとして、社員に大反対されてやめた。その代替案として『諸君！』が創刊された。

堤　いや、そうじゃないんだ。機関誌を作るという考えは信平さんにはなかった。日本文化会議に田中美知太郎や福田恆存《つねあり》ら錚々たる保守派のメンバーが集まった。総勢五〇人前後かな。池島さんは彼らを新潮社に取られるのが嫌だった。逆に文春で囲い込みたい。そこで新たに「論を立てる雑誌」の発刊を思い立った。

なぜかそれが、文春が日本文化会議の機関誌を作るというふうに伝わって、社内が侃々諤々の状態になった。

社内には日本文化会議そのものに反対の者もいる。文春なんぞに入らずに、朝日にでも行った方が良かったんじゃないかと思わせる奴もいるわけ。

連日のように社員会が開かれ、甲論乙駁でラチが明かない。結局、代表三十数名が池島社長を囲んで話を聞くことになった。席上、俺は手を挙げ、

「社長、二つ質問があります。新雑誌のタイトルはどうなります？　日本文化会議にするんですか？」

「違うよ。これから考えるんだよ」

「編集権はどちらにあるんですか？　日本文化会議ですか？　文藝春秋ですか？」

「文藝春秋に決まっているじゃないか」

「じゃあ、何の問題もない。新しい雑誌が一つできる。結構な話じゃないですか」

質問の二つとも、他のみんなに答えを聞かせ、事態をハッキリ認識させるための質問だ。このやり取りを要するに、文春が編集権を持った（当然だ）新しい雑誌が発刊されるということで、何の問題もない。なのに、のちの社員会で「やっぱり文化会議のヒモつき雑誌になるから発刊に反対すべきだ」といった意見が少なくない。

対して俺は言った。

「見えないヒモは、ヒモじゃないんだよ」

失笑する奴もいたけど、ヒモつきになる・ならないは編集長次第だ。初手からヒモつきになるなどと、情けない話じゃないか。大事なのは、編集権をしっかり握っていることだ。

その点、中央公論社が出していた『思想の科学』とは違うんだよ。あの雑誌は丸山眞男、鶴見俊輔、都留重人ら七人のグループが編集権を持っていて、販売を中央公論が担当する。他人様が作った雑誌を中央公論が売るという仕組みになっていた。

一九六一年一二月、『思想の科学』が「天皇制」を特集したとき、中央公論は編集サイドに無断で発売中止とした。深沢七郎の「村山節考」で嶋中事件が起きたあとのことだ。これで丸山らと中央公論は喧嘩別れだ。これをめぐって社内は分裂。以来、衰退の一途を辿る原因となった。

だから、編集権は発行元がしっかり握っていないといけない。だからこそ俺は、その点を池島さんの口からみんなに確言して欲しかったのよ。

「諸君！」というタイトルは、池島さんが親友・花森安治（『暮らしの手帖』の名編集長）からもらったネーミングだ。あの雑誌『諸君！』を作ることによって、ファームみたいな機能ができた。

花田　野球のファームチームみたいなものですね。

堤　そう。そこで編集者も物書きも訓練を受け、力量が試される。そこで実績を上げた奴を本誌の編集長にすればいいのよ。聞けば、いまの『文藝春秋』編集長は、前に編集長の経験はないんだって？

花田　ありません。

堤　いきなり旗艦の艦長は無理だ。

花田　本誌の編集長は一度、編集長をやってからというのが不文律みたいなものだったですけどね。いきなりではやらされる方も辛い。

堤　その意味でも『諸君！』の存在は必要だったのよ。おまけにあれがあれば、色々と副産物が出てくる。連載や、掲載した論文を敷衍《ふえん》させて単行本にするなど副産物がある。だから『諸君！』だけで見ると仮に赤字もしくは薄黒字でも、それが持つファームの役割や書籍の出版部門に及ぼす影響などを総合的に考えれば、やはり維持したほうが良かった。

実は『諸君！』廃刊からほどなく、当時の文春の会長にパーティーで会って、俺は彼を怒鳴りつけた。

「なんで『諸君！』をやめたんだ。ナニが会長だ。とっとと辞めろ、このバカ野郎！」

花田　目に浮かぶようです（笑）。それにしても我らが古巣、文春はどうなってしまうのでしょうか。

堤　こちとら社を辞めて一六年くらい経つ。棺桶に片足を突っ込んでボケの始まった俺らがガタガタ言ったところで始まらないよ。

花田　でも『Hanada』に投書が来ましたよ。『文藝春秋』はいまひどい状態だ。田中健五さんや堤堯さんによる元老会議を一度きちんとやって、勉強し直したほうがいいという投書が来ていました。本当にそう思います。

（二〇一七年八月一八日、八月二五日放送分を再構成）

あとがき

花田紀凱

朝日新聞の最初の綱領が作られたのは大正七（一九一八）年である。
四条項からなる。
一、上下一心の大誓を遵奉して、立憲政治の完美を裨益し、以て天壌無窮の皇基を護り、国家の安泰国民の幸福を図る事。
一、国民の思想を善導して、文化の日新国運の隆昌に資し、以て世界の進運と併馳するを冀《こいねが》ふ事。
一、不偏不党の地に立ちて、公平無私の心を持し、正義人道に本《もと》づきて、評論の穏健妥当、報道の確実敏速を期する事。
一、紙面の記事は、清新を要すると共に、新聞の社会に及す影響を考慮し、宜しく忠厚の風を存すべき事。

敗戦と共にこの綱領は廃止され、笠信太郎氏らが中心となって現在の綱領がつくられた。

一、不偏不党の地に立って言論の自由を貫き、民主国家の完成と世界平和の確立に寄与す。

一、正義人道に基いて国民の幸福に献身し、一切の不法と暴力を排して腐敗と闘う。

一、真実を公正敏速に報道し、評論は進歩的精神を持してその中正を期す。

一、常に寛容の心を忘れず、品位と責任を重んじ、清新にして重厚の風をたっとぶ。

現在の朝日の記者たちが読んだら顔を赫らめないかと心配になるくらいのものだが、大きく変わったのは以下の二点である。

ひとつは〈国家の安泰国民の幸福〉が〈国民の幸福〉だけになった。もうひとつは〈評論の穏健妥当〉が〈評論は進歩的精神を持して〉に変わった。

「国家」が抜け落ち「進歩的精神」が入ったわけである。

酒井寅吉氏（総合ジャーナリズム研究所理事長＝故人）の指摘だが、この綱領の変化にこそ戦後朝日新聞の問題点が集約されているような気がする。

その戦後の朝日新聞を徹底的に批判し続けて来たのが文藝春秋である。

最終章で堤堯さんが語っているように、池島信平さんは常々、「文藝春秋の大きな役割は朝日、岩波、NHKをウォッチすること」と語っていた。ぼく自身、池島さんから聞いたことがある。

田中健五さんは『諸君!』初代編集長として雑誌による新聞批判の先鞭《せんべん》をつけ、その方法論を確立した。

そして堤堯さん。

わが尊敬する先輩である。

ぼくがこれまでに出会った編集者の中で、その知識、見識、行動力、人脈、文章力、あらゆる点で池島信平さん、田中健五さんに並ぶ、いや、いくつかの点に限れば、前二者をしのぐ、優れた編集者である。

この三人に出会えたことは、ぼくの編集者人生で実に好運なことであった。

なかでも堤さんは年齢が近いこともあり、いちばん長く仕事を共にし、いちばん長く（現在も）お世話になってきた。

一緒に仕事していると、堤さんが事ある毎に、くり返し口にする言葉がある。

ひとつは「代案を出せ」。

編集会議や、編集の過程で、他の編集者のプランや、もらってきた原稿を批判することがある。仲良しクラブで面白い雑誌は出来ない。お互いの切磋琢磨は必要である。しかし、他を批判するのであれば、まず代案を出せ、代案が出せなければ、単なる批判のための批判になってしまう、というのである。

安倍政権批判に急な朝日に問いたい。なら、朝日は誰が総理ならいいのか。代案を出せ！

堤さんにあまり、代案、代案と言われるので、われわれ部下が堤さんに仇名をつけた。

「ダイアン・キートン」（女優ではなく、喜劇役者のバスター・キートンね）。

もうひとつ、堤さんの口癖は、「リーガルマインドを持て」。

告訴されたり、裁判で負けるのは編集者にリーガルマインドがないからだ。

東大法学部卒の堤さんが言うのだから説得力があった。

その堤さんが最も力を注いだのが朝日新聞批判である。本文中で自らも話しているように、ある時期、「朝日の天敵」と言われた。

それくらい朝日新聞の痛い所をついてきた。

『諸君！』一九八二年一〇月号に掲載された渡部昇一さんの「萬犬虚に吠えた教科書問題」は数ある朝日批判のなかでも白眉と言える名論文で、朝日はグウの音も出なかった。

雑誌ジャーナリズムによる朝日批判の長い歴史の中で、今回、初めて著者小川榮太郎さんとともに飛鳥新社が名誉毀損で訴えられた。

損害賠償金五〇〇〇万円。

どこから算定したか知らないが、法外な金額である（それでも早期退職する朝日社員の退職金より安いらしいが）。

大手メディアが一介の物書きと小出版社を訴える異状さについては、各氏の話に詳しいので略すが、異例の事態には違いない。

朝日が訴えたと聞いた時、最初に思ったのは、朝日もついに焼きが回ったか、相当混乱しているなということである。錯乱したとしか思えぬ異常な行動である。

この訴訟を起こして朝日が得るものは少ない。名誉を毀損されたというなら、自らの紙面で堂々と小川さんと飛鳥新社を批判すれば足りる。その方が、よほど読者にアピールできる。

そういう冷静な判断をする余裕が、八〇〇万部時代から二〇〇万部もの大幅部数減で焦っている今の朝日にはないのだろう。訴えることが如何に朝日のマイナスになるかという判断がもはや出来なくなっているのだろう。
これから始まる裁判が、朝日新聞の終わりの始まりになる――そんな気がしてならない。

平成三〇年二月

本書は、櫻井よしこキャスターの番組『櫻ＬＩＶＥ　君の一歩が朝《あした》を変える！』（製作／言論テレビ）で放送された対談をもとに再構成、大幅に加筆したものです。

言論テレビ
『君の一歩が朝《あした》を変える！』 http://www.genron.tv/ch/sakura-live/
『花田編集長の右向け右！』 http://www.genron.tv/ch/hanada/

櫻井よしこ（ジャーナリスト）

ジャーナリスト。ベトナム生まれ。ハワイ州立大学歴史学部卒業。「クリスチャン・サイエンス・モニター」紙東京支局員、アジア新聞財団「ＤＥＰＴＨＮＥＷＳ」記者、同東京支局長、日本テレビ・ニュースキャスターを経て、フリー・ジャーナリスト。1995年に『エイズ犯罪　血友病患者の悲劇』（中央公論）で第26回大宅壮一ノンフィクション賞、1998年に『日本の危機』（新潮文庫）などで第46回菊池寛賞を受賞。2011年、日本再生へ向けた精力的な言論活動が高く評価され、第26回正論大賞受賞。

2007年「国家基本問題研究所」を設立し理事長、2011年、民間憲法臨調代表に就任。2012年、インターネット動画番組サイト「言論テレビ」を立ち上げ、キャスターを務める。

著書に、『「正義」の嘘　戦後日本の真実はなぜ歪められたか』『「民意」の嘘　日本人は真実を知らされているか』（花田氏との共著、産経新聞出版）、『赤い韓国』（呉善花さんとの共著、産経新聞出版）、『頼るな、備えよ』（「論戦」シリーズ、ダイヤモンド社）、『何があっても大丈夫』『一刀両断』（新潮社）、『迷わない。』（文春新書）など多数。

花田紀凱（月刊『Hanada』編集長）

1942年、東京生まれ。66年、文藝春秋入社。88年、『週刊文春』編集長に就任。６年間の在任中、数々のスクープをものし、部数を51万部から76万部に伸ばして総合週刊誌のトップに。94年、『マルコポーロ』編集長に就任。低迷していた同誌部数を５倍に伸ばしたが、95年、「ナチガス室はなかった」の記事が問題となり辞任、１年後に退社。以後『uno！』『メンズウォーカー』『編集会議』『WiLL』などの編集長を歴任。2016年４月より『Hanada』編集長。テレビやラジオのコメンテーターとしても活躍。産経新聞コラム「週刊誌ウォッチング」、夕刊フジコラム「天下の暴論」はファンも多い。

著書に『「正義」の嘘　戦後日本の真実はなぜ歪められたか』『「民意」の嘘　日本人は真実を知らされているか』（櫻井氏との共著、産経新聞出版）、『『週刊文春』と『週刊新潮』闘うメディアの全内幕』（門田隆将氏との共著、ＰＨＰ新書）『花田式噂の収集術』（ＫＫベストセラーズ）、『花田編集長！質問です。—出版という仕事で生きる』（ユーリード出版）など。好きなものは猫とコスモス。

朝日リスク 暴走する報道権力が民主主義を壊す

平成30年3月16日　第1刷発行

著　　者　櫻井よしこ　花田紀凱
発 行 者　皆川豪志
発 行 所　株式会社産経新聞出版
〒100-8077 東京都千代田区大手町1-7-2
産経新聞社8階
電話　03-3242-9930　FAX　03-3243-0573
発　　売　日本工業新聞社　電話　03-3243-0571（書籍営業）
印刷・製本　株式会社シナノ

ISBN 978-4-8191-1333-5　C0095